Siegreich dem Teufel zum Trotz

Gelungenes Leben als Christ
allen Widrigkeiten zum Trotz

SUNDAY ADELAJA

A Successful
Christian
Living in Spite
of All Odds

VICTORIOUS
DESPITE
THE DEVIL

Impressum

Victorious despite the Devil
A Successful Christian Living in Spite of All Odds
Sunday Adelaja 2006©
Bright Star Publishing House, 2006 ©

Aus dem Englischen übersetzt von
Gudrun Wessels, im Auftrag von Siegfried Ballentin
(www.apundp.de) / History Makers Frankfurt/Main
(www.itl-godembassy.de)

Bibelzitate sind aus der *Revidierten Elberfelder
Übersetzung* übernommen, wenn nicht anders
vermerkt. Elberfelder Bibel, © 1985/1999/2006 R.
Brockhaus Verlag, Wuppertal

Foto: Salome Ballentin ap&p & godembassy.com

© 2011 Herstellung und Verlag:
Books on Demand GmbH, Norderstedt

ISBN: 978-3-8448-0239-9

Viele weitere Informationen über die »Botschaft
Gottes« und Pastor Sunday Adelaja im Internet:
www.godembassy.com :: www.pastorsunday.org ::
www.sundayadelaja.de
Weitere Bücher von Sunday Adelaja:

Ehe. Himmlische Atmosphäre in der Familie
ISBN 978-3-8423-2839-6

Die ganze Welt wartet auf dich!
ISBN 978-3-8423-2877-8

Weisheit. Der Schlüssel um auf Erden zu herrschen.
ISBN 978-3-8423-5077-9

Erfolg im Dienst für Gott
ISBN 978-3-8423-6592-6

Sunday Adelaja

Ehe

Himmlische Atmosphäre in der
Familie ist Gottes Wille

Sunday Adelaja

Weisheit

Zugang zur göttlichen Weisheit, dem
Schlüssel, um auf Erden zu herrschen

Sunday Adelaja

Die ganze Welt wartet auf dich

Das Schicksal von Millionen Menschen
hängt von uns als Christen ab.

Sunday Adelaja

Erfolg im Dienst für Gott

Wie wird man ein Mensch, den Gott
gebrauchen kann?

Inhalt

Inhalt.. 7

Vorwort 10

Kapitel 2 Sicher in der Zufluchtsstätte 12
Laufe in die Stadt...15
Die Arche der Zuflucht 18
Bleibe in der Zufluchtsstätte 20
Wir sind eine Zufluchtsstätte 21
Sicher und geborgen 24

Kapitel 2 Ein Befreier kann nicht zerstört
werden...28
Zum Befreier bestimmt...................................32
Gott wacht über dich......................................36
Wenn sich Gottes Plan verwirklicht.....................38
Schritt für Schritt auf eine höhere Ebene...............41
„Gehe über diesen Jordan!" 45

Kapitel 3 Wenn du verlassen worden bist...............52
Wem vertraust du? 57
Befreiung aus tragischen Situationen....................60
Zur Großartigkeit emporgehoben........................63

Kapitel 4 Empfange deinen Manasse 68
Taten sprechen laut...71
Wende dich dem zu der dich segnen wird 74
Ein Zeichen der Gnade Gottes 78
Der „Manasse" gehört dir.................................80

Kapitel 5 Empfange deinen Ephraim 84
Training für „Ephraim" 88
Das fruchtbare Land..91

Kapitel 6 Du kannst über die Zerstörung lachen.......95
Der Schlüssel, mit dem man Probleme lösen kann........100
Bleibe kühn und standhaft im Glauben...................104
Verherrlicht und erhöht 106
Die Belohnung wird folgen................................110

Vorwort

Während ich dieses Buch schreibe, bin ich mir der Tatsache voll bewusst, dass das Leben als Christ aus Kämpfen und Schwierigkeiten besteht. Es ist ähnlich wie beim Auszug des Volkes Israels aus Ägypten ins Verheißene Land.

Bevor wir allerdings unser eigenes Land, in dem Milch und Honig fließen, erben (so wie es bei den Israeliten schließlich auch war), müssen wir von Götzen aller Art frei werden, die Stolpersteine auf unserem Lebensweg sind.

Der Weg von der Errettung, bis zu einem gelungenen Leben als Christ (unser verheißenes Land) ist voll von geistlichen Kämpfen und Wüstenzeiten, die uns desillusionieren. Wenn wir aber all das aushalten und überwinden, dann können wir kühn behaupten, durch Jesus Christus zu Eroberern geworden zu sein. Das was uns der Herr in Seinem Wort versprochen hat, hat sich dann in unserem Leben bewahrheitet. Gott hat Abraham das verheißene Land gegeben, seine Nachkommen mussten jedoch kämpfen um es zu besitzen. Das müssen wir auch tun.

Wenn wir das Verheißene Land besitzen wollen, so wird uns das viel Mühe kosten. So wie Josua, müssen wir vielleicht kämpfen, um unserem Feind die Dinge wieder wegzunehmen, die rechtmäßig uns zustehen. Weder die Welt, noch der Teufel, haben ein Interesse daran, dass wir –

die Kinder der Verheißung – unser Erbe bekommen, von dem das Wort Gottes sagt, dass es uns gehört.
(Epheser 1:10-14).
Aber ich sage dir, lieber Leser, wir haben alles bekommen, was wir für unser Leben benötigen.

> *Da seine göttliche Kraft uns alles zum Leben und zur Gottseligkeit geschenkt hat durch die Erkenntnis dessen, der uns berufen hat durch seine eigene Herrlichkeit und Tugend*
> **2. Petrus 1:3**

Ich habe dieses Buch geschrieben, um dir zu helfen, ein siegreiches Leben zu führen und das Verheißene Land zu besitzen, so wie das Wort Gottes es mir offenbart hat.

Möge der Herr dich segnen, während du es liest.

Sunday Adelaja

Kapitel 1
Sicher in der Zufluchtsstätte

Das Leben ist voller Wahlmöglichkeiten. Oft jedoch ignorieren wir die Konsequenzen unserer Entscheidungen und unserer Handlungen. Das Wort Gottes sagt uns, dass wir ernten was wir säen (Galater 6:7), und dass ein Mensch, der Fleischliches oder Böses sät auch Fleischliches, das Verderben bringt, ernten wird. Ebenso wird derjenige, der Gutes sät, auch Gutes ernten. Das bedeutet, dass Gott schließlich jede unserer Taten beurteilen wird. Sie wird entweder belohnt werden oder sich negativ auszahlen. Es mag nicht sofort geschehen, aber früher oder später wird alles seine Auswirkungen haben.

Bewahre deine Zunge vor Bösem und deine Lippen vor betrügerischer Rede; lass ab vom Bösen und tue Gutes, suche Frieden und jage ihm nach! Die Augen des HERRN sind gerichtet auf die Gerechten und seine Ohren auf ihr Schreien.
Denen, die Böses tun, steht das Angesicht des HERRN entgegen, um ihre Erwähnung von der Erde zu tilgen.
Sie schreien, und der HERR hört, aus allen ihren Bedrängnissen rettet er sie.
Psalm 34:14-18

Der Herr hat acht auf uns und sieht all unser Tun. Vielleicht tust du etwas Gutes, bezweifelst aber, dass es jemals in der richtigen Weise wertgeschätzt werden wird. Laut dieser Bibelstelle kannst du dir aber ganz sicher sein, dass der Herr ein Auge auf das Gute hat, das du tust, sofern du wiedergeboren bist. Du kannst also ganz beruhigt sein und brauchst nicht zu fürchten, dass der Herr deine Taten nicht bemerken wird.

Vers 16 dieses Absatzes zeigt uns auch, dass sich derjenige ernsthaft täuscht, der Böses tut und dabei hofft, dass Gott es nicht bemerkt.

„Denen, die Böses tun, steht das Angesicht des HERRN entgegen, um ihre Erwähnung von der Erde zu tilgen."

Es stimmt, dass jede einzelne unserer Taten von Gott beurteilt werden wird. Aber dieses Prinzip ist gar nicht schwer zu verstehen, wenn man bedenkt, dass es auch in der natürlichen Welt wirksam ist. Ein Mensch, der das Gesetz übertritt, zieht damit seine gerechte Strafe auf sich. Zunächst wird er seine Freiheit verlieren und anschließend wird er ein angemessenes Strafmaß erhalten. Die geistliche Welt hält für uns auch den gerechten Lohn für unsere Taten bereit.

Man erinnere sich an die Geschichte im vierten Kapitel des 1. Buch Mose. Sie erzählt, wie Kain Abel aus Eifersucht getötet hat, weil Gott dessen Opfer annahm, seines jedoch ablehnte. Kain war sich sicher, dass das was er getan hatte geheim bleiben würde. Dann nahmen die Dinge allerdings einen anderen Lauf.

*Und der HERR sprach zu Kain: Wo ist dein
Bruder Abel? Und er sagte: Ich weiß
nicht. Bin ich meines Bruders Hüter?
Und er sprach: Was hast du getan!
Horch! Das Blut deines Bruders schreit zu
mir vom Ackerboden her.*
1.Mose 4:9,10

Als Kain den Mord beging, schien es so, als gäbe
es keine Zeugen, aber unsichtbare Mächte
hatten bereits die Kontrolle übernommen. Gott
ist allwissend, außerdem allmächtig, und Er
wusste was Kain getan hatte. Aber jedes Mal,
wenn wir Gott nicht gehorchen, öffnen wir uns
für den Teufel und seine bösen Wege. So war es
in Kains Fall, und er musste sich den
unausweichlichen Konsequenzen stellen, die
seine böse Tat nach sich zog.

Lieber Leser, wir alle haben in unserem Leben
schon gesündigt, deshalb brauchen wir alle
Vergebung und eine Reinigung, die nur durch das
Blut Jesu geschehen kann. Er gab am Kreuz Sein
Blut für deine und meine Sünden, damit für uns
der Weg zum Vater wieder frei würde, wir von
unseren Sünden umkehren und sie mit dem Blut
des Lammes reinwaschen können. Ansonsten
wird der Teufel uns weiter belästigen.
Es ist notwendig, dass wir uns vom Bösen und
von der Sünde abwenden und uns dem Herrn
zuwenden, um uns so vor dem Fluch der Sünde
zu schützen. Natürlich ist es möglich, dass wir
auch nach unserer Wiedergeburt manchmal

bewusst oder unbewusst sündigen. Aber die Gnade und Liebe des Herrn, sind so großartig, dass Er einen Weg für uns bereitet hat, der uns von der Bürde der Strafe befreit hat.

Laufe in die Stadt

Und der HERR redete zu Josua:
Rede zu den Söhnen Israel: Bestimmt für euch die Zufluchtsstädte, von denen ich durch Mose zu euch geredet habe, damit dorthin ein Totschläger fliehen kann, der jemanden aus Versehen, unabsichtlich, erschlagen hat! Sie sollen euch als Zuflucht vor dem Bluträcher dienen.
Und er soll in eine von diesen Städten fliehen und am Eingang des Stadttores stehen und vor den Ohren der Ältesten jener Stadt seine Sache vorbringen. Und sie sollen ihn zu sich in die Stadt aufnehmen und ihm einen Ort geben, damit er bei ihnen wohnt.
Und wenn der Bluträcher ihm nachjagt, dann sollen sie den Totschläger nicht in seine Hand ausliefern; denn er hat seinen Nächsten unabsichtlich erschlagen und hat ihn vorher nicht gehasst.
Und er soll in jener Stadt wohnen, bis er vor der Gemeinde vor Gericht gestanden hat, bis zum Tod des Hohenpriesters, der in jenen Tagen sein wird. Dann mag der Totschläger zurückkehren und in seine

Stadt und in sein Haus gehen, in die
Stadt, aus der er geflohen ist.
Josua 20:1-6

In der Zeit, von der diese Schriftstelle erzählt,
lebte das Volk Israel nach strengen Gesetzen, wie
z. B. „Auge um Auge" und „Zahn um Zahn".
Jeder, der einen Mord beging, auch dann wenn
dieser durch einen Unfall und nicht vorsätzlich
geschehen war, konnte mit sofortiger Rache
rechnen oder auch mit der Todesstrafe. Deshalb
wollte der Herr, dass die Israeliten sich
Zufluchtsstätten bauen.
Jetzt leben wir in der Zeit des Neuen
Testamentes. Was kann uns also als
Zufluchtsstätte dienen? Wie können wir uns
schützen, wenn wir eine Sünde begehen?
Gott hat sich seit Erschaffung der Welt nicht
verändert. Er liebt sein Volk noch immer, und
sein Herz fließt über vor Mitgefühl und
Barmherzigkeit für uns. Er hat sich nie am Leiden
und am Tod der Menschen erfreut. Im Gegenteil,
es betrübt ihn. Manche Menschen haben eine
falsche Vorstellung und glauben, dass Gott sie für
vergangene Sünden bestraft, wenn sie durch
Probleme und Kämpfe gehen. Aber sie haben
ganz offensichtlich missverstanden, was Gottes
Wort über Prüfungen und schwere Zeiten zu
sagen hat. Man kann für so etwas nicht Gott
verantwortlich machen.
Viele Menschen in der heutigen Gesellschaft
leiden unter den Konsequenzen ihrer Sünden
und Fehler. Dennoch wundern sie sich, warum
sie in einer solchen Misere leben. Sie geben sich

alle Mühe um eine Erklärung für das zu finden, was vor sich geht. Aber bis sie vor Gott Buße über ihre Sünden tun und umkehren, hat der Teufel das Recht, Probleme in ihr Leben zu bringen.

> **Und er soll in eine von diesen Städten fliehen und am Eingang des Stadttores stehen und vor den Ohren der Ältesten jener Stadt seine Sache vorbringen. Und sie sollen ihn zu sich in die Stadt aufnehmen und ihm einen Ort geben, damit er bei ihnen wohnt.**
> **Josua 20:4**

Der obige Vers steht für die Umkehr und Buße. Niemand hatte das Recht, eine Zufluchtsstätte zu betreten, bis er Buße über seine Sünde getan hatte.

Und wenn der Bluträcher ihm nachjagt, dann sollen sie den Totschläger nicht in seine Hand ausliefern; denn er hat seinen Nächsten unabsichtlich erschlagen und hat ihn vorher nicht gehasst.

Manchmal unterschätzen die Menschen die Wichtigkeit der Buße. Sie sind sich nicht bewusst, dass es keinen anderen Weg gibt, um den Rächer (den Teufel), der sie quält, loszuwerden. Natürlich muss sich jemand, der die Sünde des Mordes, des Raubes, der Vergewaltigung oder eine andere schreckliche Tat begeht, mit der er das Gesetz seines Landes bricht, auch den

Konsequenzen stellen, die diese Nation für eine solche Straftat vorgesehen hat. Aber der Herr vergibt einem jeden Menschen, der von seiner Sünde umkehrt, und das Blut Jesu reinigt ihn von seiner Sünde. Erst dann kann dieser Mensch Zuflucht finden, vor dem Rächer, der ihn verfolgt.

> *denn jeder, der den Namen des Herrn anrufen wird, wird gerettet werden".*
> **Römer 10:13**

Der Name des Herrn ist die Zufluchtsstätte für jeden Menschen. Unsere Errettung liegt in Jesus Christus. Er, der keine Sünde begangen hat, hat die Sünden der ganzen Menschheit auf sich genommen. Er wurde gekreuzigt,
damit du und ich bei ihm Zuflucht finden können (Psalm 46:1).

Die Arche der Zuflucht

Zu Zeiten Noahs aßen die Menschen, tranken Wein, heirateten und genossen ihr Leben, aber bei all dem vernachlässigten sie Gott.

> *Und der HERR sah, dass die Bosheit des Menschen auf der Erde groß war und alles Sinnen der Gedanken seines Herzens nur böse den ganzen Tag.*
> *Und es reute den HERRN, dass er den Menschen auf der Erde gemacht hatte, und es bekümmerte ihn in sein Herz hinein.* **1.Mose 6:5,6**

Gott sah, dass Noah ein rechtschaffener Mann vor dem Herrn war und er beauftragte Noah, eine Arche zu bauen, damit er und seine Familie der kommenden Flut entkommen konnten (13-14,18).

Die Arche ist ein Symbol für die Zufluchtsstätte; sie steht für Jesus Christus. Noah gehorchte Gott und baute die Arche, die sowohl seine Familie, als auch zwei Tiere jeder Art vor der Flut rettete. Heute sind unzählige Menschen auf ihrem Weg in die Hölle. Menschen werden krank, erleiden Probleme jeder Art und sehen keinen Ausweg. Aber es gibt einen Ausweg – die Arche der Errettung Gottes, welche Jesus Christus ist! Er ist der einzige, der dich von dem Bösen, das diese Welt regiert, retten kann. Wenn du Jesus als deinen Erlöser annimmst, dann betrittst du diese Arche. Aber denke daran, dass du stets in ihr bleiben musst! (siehe Psalm 91:1-4)

Es ist nicht schwer zu erraten, was mit Noah geschehen wäre, wenn er während der Flut die Arche verlassen hätte. Er wäre ganz sicher gestorben. Dasselbe würde geistlich auch auf uns zutreffen, denn unser Feind, der Satan, wartet darauf zu kommen um zu stehlen, zu töten und unser Leben zu zerstören (Johannes 10.10). Deshalb sollten wir unsere Zufluchtsstätte niemals verlassen, denn nur in Jesus Christus finden wir Schutz vor dem Bösen und der Grausamkeit dieser Welt. Gemäß Josua 20:6 durfte der Totschläger die Zufluchtsstätte nicht verlassen, sondern sollte in dieser Stadt wohnen.

Um in der Zufluchtsstätte zu wohnen, muss man in enger Gemeinschaft mit dem Herrn bleiben, Gottes Wort lesen und beten, Tag für Tag.

Bleibe in der Zufluchtsstätte

Es gibt noch eine zweite Zufluchtsstätte, von der der Herr spricht – die Kirche des Neuen Testamentes. Hast du schon einmal darüber nachgedacht, warum sich unser Schöpfer die Kirche ausgedacht hat? Er wollte, dass sie eine Zufluchtsstätte für jeden Gläubigen sei. Denke daran, dass außerhalb der Kirche Rachegeister auf dich warten. Im Petrusbrief finden wir dafür die folgende Bestätigung:

> *Seid nüchtern, wacht! Euer Widersacher, der Teufel, geht umher wie ein brüllender Löwe und sucht, wen er verschlingen kann.*
> **1.Petrus 5:8**

Ich bete dafür, dass du nicht zu den Menschen gehörst, die der Satan verschlingen wird. Manche Menschen gehen in die Kirche, sehen aber nicht gleich radikale Veränderungen in ihrem Leben. Deshalb erkaltet ihr Glaube und sie gehen seltener in den Gottesdienst. Dabei hätte Gott sie vielleicht gerade in den Gottesdiensten, die sie verpasst haben, von vielen ihrer Probleme erlösen können.
Der Schreiber des Hebräerbriefes warnt uns diesbezüglich.

indem wir unser Zusammenkommen
nicht versäumen, wie es bei einigen Sitte
ist, sondern einander ermuntern, und das
umso mehr, je mehr ihr den Tag
herannahen seht!
Hebräer 10:25

Der Herr weiß, dass es Menschen gibt, die zwar behaupten Christen zu sein, die aber dennoch lieber andere Dinge tun als in den Gottesdienst zu gehen, wie z. B. ihren Hund ausführen oder fernsehen. Das ist eine gefährliche Einstellung – sei dem Herrn treu und nimm dir vor, die Gottesdienste deiner Gemeinde niemals zu verpassen.

Wir sind eine Zufluchtsstätte

Eine andere Art Zufluchtsstätte wird im 1. Korintherbrief beschrieben. Gemäß dem Apostel Paulus dient jeder einzelne Gläubige selbst als eine Zufluchtsstätte.

> *Oder wisst ihr nicht, dass euer Leib ein*
> *Tempel des Heiligen Geistes in euch ist,*
> *den ihr von Gott habt, und dass ihr nicht*
> *euch selbst gehört?*
> *Denn ihr seid um einen Preis erkauft*
> *worden. Verherrlicht nun Gott mit eurem*
> *Leib!*
> **1.Korinther 6:19,20**

Gottes Absicht für dich ist es, die Zufluchtsstätte in deiner Familie zu sein, für deine Angehörigen, für deinen Freundes- und Kollegenkreis. Wenn du also Menschen begegnest, die von Problemen und Schwierigkeiten bedrückt sind, kannst du ihnen helfen, Befreiung zu finden, Gott kennenzulernen, für sie beten und sie mit Seinem Wort ermutigen. Lieber Leser, **wir** sind Zufluchtsstätten. Gott hat seine Kraft uns allen gegeben, die wir Seinen Sohn Jesus Christus als unseren Herrn angenommen haben. (Römer 8:11). Wenn wir auf der Erde etwas binden oder lösen, so wird das auch im Himmel geschehen. (Matthäus 18:18). Gott kennt uns und er vertraut uns. Wir sind Seine Stimme und wir helfen der Welt, die Wahrheit zu erkennen – denn die Wahrheit wird sie frei machen (Johannes 8:32) – vom Rächer (Satan) und seiner Knechtschaft der Sünde.

Gemäß der Schrift gibt es zwei Arten von Menschen, die Zuflucht in den Zufluchtsstätten finden können.

> *Das waren die bestimmten Städte für alle Söhne Israel und für den Fremden, der in ihrer Mitte weilte, dass dorthin jeder fliehen konnte, der jemanden aus Versehen erschlagen hatte, damit er nicht durch die Hand des Bluträchers starb, bevor er vor der Gemeinde gestanden hatte.*
> **Josua 20:9**

Das heißt also, dass die Zufluchtsstätten als ein Schutz sowohl für jene dienten, die zu Israel gehörten, also für die Gläubigen, als auch für die Fremden, die bei ihnen wohnten.

So seltsam es klingen mag, Christen brauchen die Zufluchtsstätten genauso nötig wie es Nichtchristen tun. Das Wort Gottes sagt:

> *Wenn wir sagen, dass wir keine Sünde haben, betrügen wir uns selbst, und die Wahrheit ist nicht in uns.*
> **1.Johannes 1:8**

Auch wenn wir gerettet sind, so kann es noch immer gelegentlich vorkommen, dass wir versehentlich sündigen oder Fehler machen. Der Teufel weiß das und tut sein Bestes, um den Sünder mit allen Mitteln zu überzeugen, dass Gott ihm nun, da er gesündigt hat, nie mehr vergeben wird. Der Teufel ist ein Lügner, er versucht uns einzuschüchtern und anzuklagen, um uns so von Gott wegzubringen. Deshalb sollten Pastoren nicht die Funktion des Rächers in ihren Gemeinden übernehmen, sondern viel mehr als Zufluchtsstätte dienen. Denn, wenn es dem Teufel gelingt, dass ein Gläubiger seine Zufluchtsstätte verlässt (oder den Herrn und die Gemeinde), dann wird der Feind diese Person völlig zerstören. Jeder der gesündigt und Fehler gemacht hat, muss wissen, dass er Buße tun und in die Zufluchtsstätte zurückkehren kann, wenn es ihm mit der Umkehr ernst ist.

Wir sollten jedem Menschen in einer solchen Lage helfen und ihn ermutigen. Wenn ein Gläubiger ständig sündigt und Buße tut, seine sündige Lebensweise aber nicht aufgeben will, so bete weiter für ihn, dass er ernsthaft umkehren möge. Erlaube Gott, ihm dabei zu helfen, seinen Lebensstil zu ändern. Bis er das getan hat, ist er sehr angreifbar für den Rächer.

Sehr oft belästigt Satan, der Rächer, einen Gläubigen nicht um ihn für seine Sünde zu bestrafen, sondern um ihn als seinen Feind zerstören. In solchen Fällen müssen wir daran denken, dass der Name des Herrn als ein gewaltiger Schutz vor jeglichen Angriffen des Feindes dient.

> *Ein fester Turm ist der Name des HERRN;*
> *zu ihm läuft der Gerechte und ist in*
> *Sicherheit.*
> **Sprüche 18:10**

Das gilt auch für unsere Angehörigen und Freunde.

Sicher und geborgen

Viele Menschen sorgen sich um die Zukunft ihrer Kinder.

Nun, wenn Gott es aber sogar geschafft hat, mich zu verändern – ich war so schlimm wie ein Kind nur sein konnte – dann bin ich sicher, dass er jedes andere Kind auch verändern kann. Ich würde dir gern ein paar persönliche Geschichten erzählen, damit du verstehst, was für ein Kind ich war.

Einmal machte ich etwas falsch und meine Mutter wies mich zurecht. Ich wollte mich dafür rächen. So ging ich zu ihrem Kleiderschrank, goss Benzin über ihre gesamte Kleidung und setzte sie in Brand. So etwas tat ich oft und lief anschließend für mehrere Tage von zu Hause fort. Die Polizei suchte dann überall nach mir und ebenso taten es meine Verwandten. Ich wusste das, dachte aber bei mir. „Lass sie doch leiden".

Meine Eltern kauften mir manchmal teure Kleidung und Goldschmuck. Aber wenn ich auf sie böse war, dann riss ich mir die Kleidung und den Schmuck vom Leib und warf alles ins Feuer. Ich war ein unerträgliches Kind, aber der Herr rief mich zu sich, vergab mir und reinigte mich mit seinem Blut für alle meine Sünden. Nun bete ich dafür, dass meine Kinder nicht auf die sündigen Wege gelangen, auf denen ich einst ging. Oft sage ich zu dem Herrn: „Gott, ich weiß, dass dein Name ein starker Turm ist, und jeder der dort hineingeht wird gerettet werden. Ich bringe meine Kinder in deine Zufluchtsstätte, und ich glaube, dass du sie beschützen wirst."

Lieber Leser, in derselben Weise kannst du deine Kinder und Angehörigen vor dem Bösen dieser Welt schützen – vor Drogenabhängigkeit, Alkoholismus und Unmoral, wie sie in unserer Gesellschaft immer mehr überhand nimmt. Genauso kannst du dich selbst vor Inflation, Armut und Krankheit schützen.

Hier ein Beispiel dafür.

Einmal zeigte meine Frau Anzeichen einer Grippe. Aber sie weigerte sich, dem Teufel zu glauben. Obwohl sie sich krank fühlte ging sie zum Abendgebet unserer Gemeinde. Am Morgen kam sie nach Hause, völlig gesund, aber die Symptome der Krankheit zeigten sich dann bei mir. Ich wurde deshalb sehr wütend auf den Teufel, und ich entschied mich, eine ganze Nacht mit Gott Gemeinschaft zu haben. Nachdem ich das getan hatte war die Krankheit verschwunden. Als ich ein paar Tage später von der Arbeit nach Hause kam, stellte ich fest, dass mein Sohn Fieber hatte. Ich sagte: „Teufel, versuchst du nun, mein Kind anzugreifen? Du kannst ihm keinen Schaden zufügen, denn meine ganze Familie lebt im Schutz der Zufluchtsstätte. Kein Unheil soll uns treffen." Wenige Minuten später maß ich seine Temperatur noch einmal, und sie war ganz normal. Der Teufel hat kein Recht, diejenigen anzutasten, die in Christus sind!

Und er soll in jener Stadt wohnen, bis er vor der Gemeinde vor Gericht gestanden hat, bis zum Tod des Hohenpriesters, der in jenen Tagen sein wird. Dann mag der Totschläger zurückkehren und in seine Stadt und in sein Haus gehen, in die Stadt, aus der er geflohen ist.
Josua 20:6

Der Herr wird unsere Zufluchtsstätte bleiben, bis wir in unser ewiges himmlisches Zuhause zurückkehren werden.

Kapitel 2
Ein Befreier kann nicht zerstört werden

Es ist wohlbekannt, dass es bei Gott keine Zufälle gibt. Deshalb ist auch jeder Mensch, den Gott in Existenz gerufen hat, kein Zufall. Der Schöpfer hat ein bestimmtes Ziel und einen konkreten Plan für jeden Menschen. Das zieht sich durch die ganze Bibel. Gott sagt uns schon in Jeremiah 29:11, dass er die Ziele kennt, die er für uns hat, Pläne „des Friedens, und nicht zum Unheil, um uns Zukunft und Hoffnung zu gewähren". Im nächsten Abschnitt der Bibel, zeigt uns der Apostel Paulus, dass Gott für einen Mann namens Moses einen bestimmten Zeitpunkt geplant hatte, an dem er in diese Welt hineingeboren werden sollte. Gott hatte eine Bestimmung, die nur Moses erfüllen konnte.

> *Als aber die Zeit der Verheißung nahte, die Gott dem Abraham zugesagt hatte, wuchs das Volk und vermehrte sich in Ägypten,*
> *bis ein anderer König über Ägypten aufstand, der Josef nicht kannte.*
> *Dieser handelte mit List gegen unser Geschlecht und misshandelte die Väter, so dass sie ihre Säuglinge aussetzen mussten, damit sie nicht am Leben blieben.*

*In dieser Zeit wurde Mose geboren, und
er war Gott angenehm; und er wurde
drei Monate aufgezogen im Haus des
Vaters.
Als er aber ausgesetzt worden war,
nahm ihn die Tochter Pharaos zu sich
und zog ihn auf, sich zum Sohn.
Und Mose wurde unterwiesen in aller
Weisheit der Ägypter; er war aber
mächtig in seinen Worten und Werken.*
Apostelgeschichte 7:17-22

Als die Israeliten noch immer in Gefangenschaft
waren, hatte Gott bereits die Geburt des Moses
geplant, des Menschen, der der Befreier des
Volkes Gottes werden sollte. Moses wurde also
auserwählt und von Gott berufen schon bevor er
geboren wurde.

*Ehe ich dich im Mutterleib bildete, habe
ich dich erkannt, und ehe du aus dem
Mutterschoß hervorkamst, habe ich dich
geheiligt; zum Propheten für die
Nationen habe ich dich eingesetzt.*
Jeremia 1:5

Lass dich nicht täuschen und denke nicht, dass es
in diesem Vers nur um eine bestimmte Person in
der Bibel geht. Dieser Vers betrifft dich genauso
wie die Propheten Jeremiah und Moses. Du bist
genauso von Gott auserwählt und berufen wie
sie es waren. Gott hat dir das Leben gegeben. Er
hat dich bewahrt trotz der Angriffe des Teufels,
der dich zerstören wollte, weil du für Ihn kostbar

bist. Und darüber hinaus, hat er sich dir als dein Erlöser offenbart, hat dich in Seine Gemeinde gestellt und dich zu Seinem Kind gemacht.

All das beweist, dass du kein gewöhnlicher Mensch bist. Es gibt so viele Menschen in dieser Welt, die nicht gerettet sind, die den Herrn abgelehnt haben oder die noch nie von Jesus gehört haben. Sie gehen geradewegs in die Hölle, es sei denn sie kehren um und nehmen Ihn als ihren Retter an. Du dagegen bist erlöst und gerettet, weil du dein Herz geöffnet und den Herrn empfangen hast, so dass du an das Evangelium glauben kannst. Denke darüber nach: Gott hat dich schon auserwählt, als du noch im Mutterleib warst. Gott und das himmlische Heer erkennen dich an, du bist vorherbestimmt um einen bestimmten, von Gott entworfenen Zweck zu erfüllen. Das darfst du niemals vergessen. Ist dir bewusst, dass du vom Herrn dazu berufen und gesalbt bist, ein Befreier für diese Generation zu sein? Du dienst wie eine Waffe in der Hand Gottes, und Er zählt genauso auf dich, wie Er auf Moses gezählt hatte. Wir nennen Moses einen Befreier, weil er anderthalb Millionen Menschen aus Ägypten befreit hat. Du denkst vielleicht, dass es dir niemals gelingen wird, so etwas zu erreichen. Aber bei der Berufung des Befreiers geht es nicht darum, wie viele Menschen durch ihn befreit worden sind, sondern um die Befreiung als solche. Manch einer ist berufen, um der Befreier von anderthalb Millionen Menschen zu sein, andere zu Befreiern von fünfzig, wieder andere zu Befreiern von nur einem Menschen. Wenn du mindestens einen Menschen zur Errettung geführt hast, dann bist du seinetwegen zu einem Befreier geworden. So wie Moses hast du ihn aus seinem Ägypten geführt (was für das System dieser Welt steht) und in sein gelobtes Land (Erlösung und ein gelungenes Leben als Christ) gebracht.

Bei der Berufung des Befreiers geht es nicht um die Anzahl der Menschen, die von ihm befreit wurden, sondern um die Befreiung als solche.

Gott schenkt den Menschen nicht nur deshalb Errettung, damit wir die Ewigkeit mit ihm verbringen können. Er hat jeden einzelnen auch deshalb gerettet, damit er zum Befreier eines anderen werden kann. Den einen sieht Gott als einen Befreier von Nationen, einen anderen als Befreier seines eigenen Landes, noch einen anderen als Befreier für die Menschen in seiner Nachbarschaft und wieder einen anderen als Befreier der Menschen, mit denen er zusammen lebt.
Vor Jahren kam meine Schwester zum Glauben und brachte auf diese Weise Befreiung in unser Zuhause, so dass schließlich jeder von uns wiedergeboren wurde.

Lerne, dich selbst dementsprechend wertzuschätzen. Es war kein Zufall, dass der Herr dich gerettet und dazu gebracht hat, umzukehren. Sonst könnte man sagen, dass Jesus sein Blut am Kreuz vergeblich vergossen hat.

Das Problem, das viele Menschen haben, ist dass sie nicht an sich selbst glauben, so wie Gott an sie glaubt. Der Grund dafür ist, dass sie nicht wissen oder verstehen, wer sie in Christus sind. Beginne, an dich selbst zu glauben, denn du bist wichtig für Gott und du musst die Bestimmung erfüllen, die Gott für dich hat. Das Schicksal dieser Welt liegt in deinen Händen. Die Welt erwartet dich, als einen Befreier – *zweifle nicht daran.*

Zum Befreier bestimmt

Wie wir bereits von Apostelgeschichte 7:17-22 wissen, wurde Moses zu einer ungünstigen Zeit geboren, in der der Pharao einen neuen Erlass erteilte:

> *„Wenn ihr den Hebräerinnen bei der Geburt helft und bei der Entbindung seht, dass es ein Sohn ist, dann tötet ihn, wenn es aber eine Tochter ist, dann mag sie am Leben bleiben.*
> **1.Mose 1:16**

Es schien, als hätte der Befreier nicht unter ungünstigeren Bedingungen geboren werden können. Jeder Junge, der von einer hebräischen Frau geboren wurde, musste getötet werden, denn der Pharao hatte gesehen, dass das Volk der Israeliten sehr groß geworden war.

Er hatte deshalb Angst, sie könnten im Falle eines Krieges an der Seite der Feinde der Ägypter kämpfen und ihn somit besiegen.

Moses war also schon vom Tag seiner Zeugung an verloren. Wenn das in unserer Zeit geschehen wäre, würden viele Frauen an der Stelle der Mutter des Moses eine Abtreibung vornehmen lassen. Für viele Frauen, wäre ein solcher Erlass der Regierung eine willkommene Entschuldigung, um sich eines ungewollten Kindes zu entledigen. Aber dem Herrn sei Dank, stand die Mutter des Moses fest zu ihrer Entscheidung, das Kind, das sie unter ihrem Herzen trug, auszutragen. Sie wusste, dass Leben nicht durch Zufall geschenkt wird und schützte deshalb das Leben ihres Kindes.

Wenn der Teufel ein Kind oder einen Erwachsenen angreift und auf diese Weise versucht, ihn zu zerstören, sei dir einer Sache sicher: Gott hat für dieses Leben eine spezielle Berufung.

Manche Leute denken, dass ein Kind, welches in einer gefährlichen oder ungünstigen Zeit geboren wird, sehr wahrscheinlich unglücklich werden und seinen Eltern viele Probleme bereiten wird. Einige Frauen mögen es etwa so ausdrücken: „Als ich schwanger war, stürzte ich und verletzte mich dabei ernsthaft. Außerdem verließ mich mein Mann und mein Vater verlor seine Arbeitsstelle. Das Baby war noch nicht einmal geboren und machte mir schon große Sorgen." Das ist eine falsche Denkweise. Jedes Mal, wenn der Teufel ein Kind oder einen

Erwachsenen angreift und so versucht, ihn zu zerstören, sei dir einer Sache sicher: Gott hat für dieses Leben eine spezielle Berufung.

Meine Mutter war zwölf Monate lang schwanger mit mir. Die Ärzte weigerten sich, ihr zu helfen. Das einzige, was sie ihr anboten war, das Kind zu töten. Ich war drei Monate länger im Mutterleib, als es normal ist. Der Teufel hatte so viel Angst vor meiner Geburt, dass er sein Äußerstes tat, um mir schon vor meiner Geburt das Leben zu rauben. Meine Mutter verweigerte die „Hilfe" der Ärzte und wartete bis ich geboren wurde. Lange bevor ich geboren wurde, hatte Gott eine Bestimmung für mich. Er sah mich, als einen Befreier, und ein Befreier kann nicht zerstört werden.
Wenn du wiedergeboren wurdest, dann bist auch du ein Befreier für jemand anderen. Deshalb können dir weder Feinde, noch Probleme oder Schwierigkeiten, irgendetwas anhaben. Du stehst unter dem Schutz von Gottes Gesetz, welches besagt, dass ein Befreier nicht zerstört werden kann. Sieh dich selbst also höher an, als deine Probleme, schreite über sie hinweg und halte an Jesus fest.

Wenn der Feind dich auch noch heftiger bekämpfen mag, so wird Gott ihn doch beschämt dastehen lassen. Nichts kann dich zerstören, keine bösen Absichten, keine Inflation und keine wirtschaftlichen Probleme. Gott wird in jede Situation eingreifen und um deinetwillen ein Wunder tun.

Wenn er den Tag in die Nacht verwandeln muss, wenn er Engel vom Himmel schicken muss, so wird er es tun. Der Herr wird auch im dunkelsten Tunnel ein helles Licht anzünden, nur um dich zu retten und dich vor Unheil zu bewahren. Am Kreuz hat er bereits den Preis für dich bezahlt, Sein Wort gesprochen, und durch Seine Auferstehung die Wahrheit unter Beweis gestellt: Ein Befreier kann nicht zerstört werden.

Ich möchte nicht behaupten, dass es manchmal nicht auch sehr schwer werden kann. Vielleicht erleidest du Misserfolge, manchmal wirst du dich vielleicht entmutigt fühlen, vielleicht für eine Weile ausgebremst werden – aber niemals wird dich jemand zerstören können! Die Geschichte des Mose ist ein gutes Beispiel dafür.

Schon bevor er geboren wurde hatte der Teufel den Tod für ihn geplant. Menschen hatten es angeordnet, aber Gott war nicht damit einverstanden. So schlecht die Absichten auch sein mögen, die der Teufel oder jemand anders für dein Leben haben mag, Gott hat das Gegenteil vorherbestimmt. Akzeptiere den Willen des Teufels oder den eines „Pharaos" nicht. Schaue vielmehr hinauf zum Himmel, von wo deine Hilfe kommen wird. Deine Hilfe wird vom Herrn kommen, der Himmel und Erde regiert (Psalm 121:1-2), denn das Schicksal des Befreiers liegt allein in Seinen Händen. Genau hier liegt dein Schicksal – in der Hand des Allmächtigen Gottes.

Gott wacht über dich

Moses Eltern waren von Panik erfasst. Drei Monate lang versuchten sie, die Geburt ihres Sohnes geheim zu halten. Die Zeit verging und der Junge wurde größer. Bald war es unmöglich, seine Existenz zu leugnen. Er hätte jeden Moment gefunden und getötet werden können.

> *Und als sie ihn nicht länger verbergen konnte, nahm sie für ihn ein Kästchen aus Schilfrohr und verklebte es mit Asphalt und Pech, legte das Kind hinein und setzte es in das Schilf am Ufer des Nil.*
> **2.Mose 2:3**

Bemerke, dass die Mutter ihren eigenen Sohn verließ. Vielleicht bist du gerade in einer Situation, in der dich jemand verlassen hat, dich abgelehnt oder aufgegeben hat. Sei deshalb nicht unglücklich. Gott wird dich niemals ablehnen. Er wird dich niemals aufgeben oder verlassen. (Hebräer 13:5)
Er wacht Tag und Nacht über dich, er bewahrt dich und gibt auf deine Sicherheit acht. Schicke all deine Ängste und Zweifel fort. Gott wacht über dein Leben. Diebe, Räuber und Mörder mögen jemanden zerstören, der nicht in Christus ist (in der Zufluchtsstätte), aber nicht dich.
Sie können nur denen gefährlich werden, die so sind wie sie – außerhalb des Schutzes Gottes und offen für die Bedrohungen des Feindes. Für

Befreier ist es dagegen so als würden sie gar nicht existieren.

Nachdem Moses Eltern ihren Sohn am Fluss ausgesetzt hatten, baten sie seine ältere Schwester zu beobachten, was mit ihm geschehen würde. Vielleicht erwarteten sie, von ihr die traurige Nachricht zu erhalten, dass ihr kleiner Bruder umgekommen sei. Aber diese Gedanken waren nur ihre eigenen Ängste. Gott wusste was er tat. Deine Feinde erwarten vielleicht heute deinen Tod, aber sie werden sehr lange warten müssen (sh. Psalm 91:16).
Was glaubst du, wo der Herr war, als der Pharao seinen tödlichen Erlass erteilte? Zu jener Zeit, hatte der Herr Moses, im Leib seiner Mutter, gesalbt.
Könnte es also sein, dass der allmächtige Gott den Pharao nicht von seinem Vorhaben hätte abhalten können? Natürlich hätte er ihn davon abhalten können. Weil er aber die Situation zuließ, war er auch derjenige, der den Ausweg zeigte. Entscheide dich dazu, Gott niemals Fragen zu stellen wie z. B. „Warum hast du das zugelassen? Wo warst du?", denn wenn du so etwas sagst, dann sagst du zu Gott, dass du mehr weißt als er. Gott war nicht nur dabei, einen Ausweg für Moses zu schaffen, sondern auch für alle Hebräer.

In dieser Zeit wurde Mose geboren, und er war Gott angenehm; und er wurde drei Monate aufgezogen im Haus des Vaters. **Apostelgeschichte 7:20**

Der Allmächtige schenkt dem Teufel keine Aufmerksamkeit. Er ließ nicht nur zu, dass Moses geboren wurde, er machte ihn darüber hinaus auch außerordentlich gerecht. Eine Bibelstelle erklärt dies, in dem sie sagt: „(Moses) war vom Mutterleib an gerechtfertigt, und das machte ihn in Gottes Augen auch schön, denn die Schönheit der Heiligkeit ist es, die in Gottes Augen einen hohen Preis hat… diejenigen, die Gott in besonderem Maße gebrauchen will wird er in besonderem Maße beschützen." Gott hat Seinen Zeitplan und Seine Bestimmungen für diejenigen, die zu ihm gehören. Deshalb solltest du all das ignorieren, was der Feind gegen dich unternimmt.

Verbringe deine wertvolle Energie und Zeit nicht damit, dich um deine Probleme zu sorgen. Es lohnt sich vielmehr, über Gottes Wort nachzusinnen und dem Herrn zu dienen. Jeder Mensch erfährt Probleme und Schwierigkeiten, aber sie können einen Befreier nicht zerstören. Schenke dem Teufel keinerlei Aufmerksamkeit, halte daran fest, Gott zu vertrauen und die Schwierigkeiten werden vorübergehen.

Wenn sich Gottes Plan verwirklicht

Als er aber ausgesetzt worden war, nahm ihn die Tochter Pharaos zu sich und zog ihn auf, sich zum Sohn.
Apostelgeschichte 7,21

Während sich Moses Eltern um das Schicksal ihres Sohnes sorgten, wirkte Gott am Herzen der Tochter des Pharaos. Bevor Mose geboren wurde, war sie jahrelang unfruchtbar gewesen. Der Herr hatte das aus einem bestimmten Grund zugelassen. Sie hatte sich so sehr nach einem eigenen Kind gesehnt, dass sie sogar bereit war, einen hebräischen Jungen zu adoptieren (dass eine königliche Person im damaligen Ägypten so etwas tat, war noch nie vorgekommen). So war es tatsächlich geschehen. Wenn Moses Mutter ihn nicht am Fluss ausgesetzt hätte, dann hätte die Tochter des Pharaos ihn nicht gefunden. Lieber Leser, du solltest dich jedes Mal freuen, wenn du verlassen, aufgegeben oder abgelehnt worden bist. Wann immer das geschieht, der Herr ist noch immer mit dir und wird die Situation zum Guten wenden (sh. Römer 8:28). Nimm niemals etwas als Tragödie an, dass die Welt als Tragödie ansieht.

Du magst zum Beispiel Mitleid mit einer Frau haben, die keine Kinder hat, sich aber Kinder wünscht. Du magst vielleicht sogar zu ihr sagen: „Du gehst schon so lange zur Kirche, aber noch immer wurden deine Gebete um Kinder nicht erhört? Sei nicht betrübt." Wer sagt dir, dass sie betrübt ist? Warum glaubst du, dass es eine Tragödie für sie ist? Wenn Gott so etwas zulässt, dann hat er einen Grund und einen bestimmten Plan, den er nach und nach in ihrem Leben verwirklicht.

Als die Mutter des Moses ihren Sohn verließ und im Fluss aussetzte, trat Gottes Plan in Kraft. Die Tochter des Pharao fühlte sich in ihrem Palast plötzlich unwohl. Plötzlich hatte sie den Drang, schwimmen zu gehen. (sh. 2. Mose 2:5). Ich bin sicher, dass hinter den Kulissen Gott am Werk war. Ohne es zu merken ging die Tochter des Pharao dorthin, wo Gott sie haben wollte.

Denn Gott ist es, der in euch wirkt, sowohl das Wollen als auch das Wirken zu seinem Wohlgefallen.
Philipper 2:13

Wenn Menschen, in dem was sie tun, keine Befriedigung finden, geschieht das oft, weil Gott sie auf eine neue Ebene emporheben möchte. Wenn du dich unzufrieden fühlst, blicke auf zum Herrn und schaue auf Ihn, denn er möchte dich vielleicht auf eine höhere Ebene in Ihm führen.

Weil wir in unserer Verzweiflung so oft weinen und uns Sorgen machen, sehen wir gewöhnlich nicht, was der Herr tut um unsere schwierigen Situationen, unsere Bedrängnisse und Probleme zu verändern. Leider sehen viele Menschen nur das Wirken des Satans und merken gar nicht was Gott tut. Sie jammern etwa „Was ist das für ein schreckliches Urteil" oder „Was habe ich nur für ein ungehorsames Kind" oder „Warum bin ich nur zu einer so ungünstigen Zeit schwanger geworden?" Vielleicht gehörst auch du zu diesen Leuten. Denke aber daran, dass der Herr „weder schlummert noch schläft". (Psalm 121:4). Er ist dabei, in deinem Leben zu wirken und hat jede Situation unter Kontrolle.

Wenn der Herr dem Pharao nicht erlaubt hätte, seinen Erlass zu erteilen, hätte Moses in einer hebräischen Familie bleiben müssen. Aber der Herr wollte, dass Moses im Palast des Pharaos aufwächst. Denn sonst wäre Moses nicht der Befreier von Gottes Volk geworden. Sieh deine Probleme also nicht als ausweglos oder als eine Sackgasse an. Sei dir vielmehr dessen sicher: Gott wird ein Wunder tun, weil du ein Befreier bist, und ein Befreier kann nicht zerstört werden. Er wird nicht zulassen, dass dich Unheil trifft. Gott wird jede ungünstige Situation zu deinen Gunsten wenden.

Du bist ein Befreier und der Herr leitet dich durch dein Leben. Dein Leben ist in Seiner Hand. (sh. Johannes 10:27-29). Um deinetwillen wird er einen Weg bahnen. Dort wo es keinen Weg zu geben scheint, auch in der hoffnungslosesten Situation, wird er einen Ausweg schaffen. Gott wird jedes Hindernis auf deinem Weg durchbrechen und dir immer rechtzeitig Seine Hilfe schicken.

Schritt für Schritt auf eine höhere Ebene

Moses Eltern müssen geweint haben. „Warum haben wir einen Jungen bekommen, obwohl wir wegen dieses schrecklichen Erlasses um ein Mädchen gebetet hatten? Wurde er geboren nur um zu sterben?" Aber in der Zwischenzeit hatte Gott seinen Plan ausgeführt. Die Tochter des Pharao sollte Moses adoptieren, damit der Befreier die beste Erziehung erhält, die man zu jener Zeit bekommen konnte. Moses erlangte die Weisheit und bekam die Anerkennung, ohne die er seine Berufung nicht hätte leben können.

Und Mose wurde unterwiesen in aller Weisheit der Ägypter; er war aber mächtig in seinen Worten und Werken. **Apostelgeschichte 7:22**

Gott weiß, dass wir durch schwierige Umstände und Situationen gehen müssen, wenn wir unsere Berufung leben und die Herrlichkeit erfahren möchten, die Er für uns bereitet hat. Sonst werden wir niemals kühn und stark in Ihm werden. Höre also auf zu weinen und zu wehklagen, denn ein Befreier kann nicht zerstört werden. Du bist in Gottes Hand. Jede Prüfung ist nur ein weiterer Schritt, der dich auf die höhere Ebene bringt, die Gott für dich bereitet hat. Meine Frau kann bezeugen, dass ich niemals betrübt, deprimiert oder niedergeschlagen bin. Das ist deshalb so, weil ich das Ziel meines Lebens kenne: den Nationen Befreiung und Errettung zu bringen.

Ich möchte dich ermutigen, den hässlichen Werken des Teufels keine Beachtung zu schenken, sondern statt dessen über deine Berufung nachzudenken. Wenn der Herr deine Probleme noch nicht gelöst hat, dann nur aus einem Grund: Er tut in deiner Situation etwas Besonderes und Einmaliges. Setze dein Vertrauen auf Ihn, und er wird dich aus jeglichen schwierigen Umständen herausführen. Diene Ihm mit deinem ganzen Herzen, bete Ihn an, und sei Ihm in allem treu. Er wird dich niemals im Stich lassen. Vielleicht wird Er es zeitweise nur im Verborgenen tun. Er wird jedoch niemals aufhören, in deinem Leben zu wirken.

> *..bis ein anderer König über Ägypten aufstand, der Josef nicht kannte. Dieser handelte mit List gegen unser Geschlecht und misshandelte die Väter, so dass sie ihre Säuglinge aussetzen mussten, damit sie nicht am Leben blieben.*
> **Apostelgeschichte 7: 18,19**

Das ist eine schreckliche Vorstellung, nicht wahr?

Die Hebräer wurden unterdrückt, zu harter Arbeit gezwungen, ihre Kinder wurden getötet. Aber all das führte zu einem Ergebnis, das niemand hatte ahnen können.

> *Als aber die Zeit der Verheißung nahte, die Gott dem Abraham zugesagt hatte, wuchs das Volk und vermehrte sich in Ägypten.*
> **Apostelgeschichte 7:17**

Die Juden lebten unter schrecklichen Bedingungen – sie wurden unterdrückt, ihre Kinder wurden getötet, und sie quälten sich mit sehr harter Arbeit. Trotz all dem wirkte Gott an ihnen. Er vermehrte sein Volk.

Immer wenn der Teufel eines oder mehrere Probleme in dein Leben bringt, sei dir sicher, dass der Herr das Hundertfache an guten Dingen für dich bewirken wird.

Moses war in einer Zeit der großen Unruhe geboren worden, und auch Jesu Geburt geschah nicht in einer friedlichen Zeit. Damals war Herodes der König, und auch er erteilte einen Erlass, alle Babys töten zu lassen, genauso wie es der Pharao zu Moses Zeiten getan hatte.

> *Als sie aber hingezogen waren, siehe, da erscheint ein Engel des Herrn dem Josef im Traum und spricht: Steh auf, nimm das Kind und seine Mutter zu dir und fliehe nach Ägypten, und bleibe dort, bis ich es dir sage! Denn Herodes wird das Kind suchen, um es umzubringen.*
> *Er aber stand auf, nahm das Kind und seine Mutter des Nachts zu sich und zog hin nach Ägypten. Und er war dort bis zum Tod des Herodes; damit erfüllt würde, was von dem Herrn geredet ist durch den Propheten, der spricht: "Aus Ägypten habe ich meinen Sohn gerufen."*
> **Matthäus 2:13-15**

Warum erteilte Herodes diesen Erlass? Vers 15 gibt uns die Antwort: Er tat es um das Wort des Herrn zu erfüllen.

Viele Situationen, die Gott in deinem Leben zulässt, geschehen zu einem bestimmten Zweck – damit Gott Seine Verheißungen erfüllen kann. Umstände und Probleme können dich nicht zerstören, wenn du an Gott festhältst und auf Ihn vertraust. Sie können dir nur helfen, den Jordan deines Lebens zu überqueren und in dein verheißenes Land zu gelangen.

„Gehe über diesen Jordan!"

> *Und es geschah nach dem Tod des Mose, des Knechtes des HERRN, da sprach der HERR zu Josua, dem Sohn des Nun, dem Diener des Mose:*
> *Mein Knecht Mose ist gestorben. So mache dich nun auf und gehe über diesen Jordan, du und dieses ganze Volk, in das Land, das ich ihnen, den Söhnen Israel, gebe!*
> *Jeden Ort, auf den eure Fußsohle treten wird - euch habe ich ihn gegeben, wie ich zu Mose geredet habe.*
> **Josua 1:1-3**

Gott tat viele Zeichen und Wunder bevor er das jüdische Volk mit Seiner mächtigen Hand aus Ägypten ins Verheißene Land führte, das Land „in dem Milch und Honig fließen". Als die Sklaverei in Ägypten für die Israeliten geendet hatte, wurde ihr Weg ins Verheißene Land durch einen mächtigen Fluss namens Jordan blockiert. Zu jener Zeit gab es keine Brücken, und der Fluss war so tief, dass sie ihn nicht durchwaten konnten. Dennoch musste das Volk Gottes ihn überqueren.

Auf dem Lebensweg eines jeden Menschen kann es einen solchen Jordan geben, den es früher oder später zu überqueren gilt.

Gott hat uns von der Sklaverei der Sünde und Ungerechtigkeit befreit. Er hat uns geholfen, durch die Wüste zu gehen, durch Prüfungen und Belastungen, die unseren Glauben stärken sollten. Er tat das, damit wir zu einem Zeitpunkt, den Er bestimmt hat, so wie das hebräische Volk auf die andere Seite des Jordan, in unser Verheißenes Land gelangen können.

Vielleicht belastet dich etwas, zieht dich nach unten oder quält dein Herz. Bedenke, dass du vor dem Jordan stehst, es diesen zu überqueren gilt. Vielleicht ist heute der Tag, an dem du das tun musst. Es spielt keine Rolle was es ist, das dich von Gottes Verheißungen und Segnungen trennt – jedes Hindernis muss niedergerissen werden! Auch dann, wenn du verzweifelt bist und die Hoffnung schon ganz verloren hast – es ist noch nicht an der Zeit aufzugeben. Es ist an der Zeit, über deine Umstände hinwegzuschreiten. Wenn du über deine Umstände herrschst, dann wirst du sie bewältigen und ins Verheißene Land einkehren.

Um das zu tun, musst du auf Gottes Auftrag antworten: „Nun stehe auf, gehe über diesen Jordan". Das ist es, was Gottes Wort sagt und wie du weißt, ist Sein Wort „lebendig und wirksam" (Hebräer 4,12) und hat eine enorme Autorität. Durch Sein Wort hat Gott den Himmel und die

Erde gemacht. So sprach er zum Beispiel die Worte „Es werde Licht" (1. Mose 1:3), und das Licht kam aus dem Nichts. Was für ein Problem und was für ein Jordan kann Ihm also entgegenstehen? Gott braucht nur ein Wort zu sagen, damit in deinem Leben ein Wunder geschieht.

Ich glaube, dass er gerade jetzt diese Worte zu dir spricht: „Stehe auf und gehe über diesen Jordan!" Wenn du dich dafür entscheidest, Seinem Wort zu gehorchen, muss jedes Problem, das dir wie ein Berg erscheinen mag, aus deinem Leben verschwinden. Es mag nicht sofort geschehen, aber früher oder später wird es verschwunden sein, denn so sagt es die Schrift.

In einer schwierigen Zeit, in Josuas Leben, sprach Gott mit denselben Worten zu ihm, die er jetzt auch gebraucht, um zu dir zu reden. Zu jener Zeit trauerte das Volk um Moses, der es durch das Rote Meer aus Ägypten geführt hatte. Moses war die Hoffnung Israels, aber für alle unerwartet starb er. Das Volk war verzweifelt, und Josua als ihr Führer, war von Furcht ergriffen.

Dann sprach der Herr zu ihm:

> *Mein Knecht Mose ist gestorben. So mache dich nun auf und gehe über diesen Jordan, du und dieses ganze Volk, in das Land, das ich ihnen, den Söhnen Israel, gebe!*
> **Josua 1:2**

Lieber Leser, ich weiß nicht, mit was für Problemen du heute vielleicht konfrontiert bist, aber Gott weiß darum und er wird dir helfen. Vielleicht hast du einen Menschen verloren, der für dich gesorgt und dir bei allem geholfen hat. Vielleicht sind all deine Träume und Hoffnungen zerstört oder du bist sehr enttäuscht worden. Kennst du den wahren Grund für deine Probleme? Was du wirklich brauchst ist der lebendige Gott, der kraftvoll und allmächtig ist. Bei ihm gibt es kein unlösbares Problem, keinen Stillstand, du kannst deinen Jordan überqueren, denn Gott wird ihn für dich besiegen.

Für manchen mag der Jordan eine finanzielle Krise sein, für andere kann er ein Job sein, ihr Alter oder ihre Gesundheit. Der Jordan steht für jede Barriere, die einen Menschen davon abhält, seine Träume und Ziele zu erreichen.

Die Israeliten werden sicherlich zu Gott gesagt haben: „Wie sollen wir denn jetzt, da Moses tot ist, den Jordan überqueren? Wir können es nicht ohne ihn tun!" Gott wusste genauso gut, dass Moses gestorben war, so wie er zum Beispiel auch weiß, dass dir notwendige Beziehungen fehlen, ein Mann und Kinder oder was auch immer dir sonst fehlen mag. Gott weiß alles über dich.

Jedes Mal wenn Gott mit „und nun" beginnt, zu seinem Volk zu reden, dann spricht er von einem neuen Anfang. Wenn er also sagt „Und nun, mache dich auf", solltest du all deine Gedanken an deine Vergangenheit fortschicken und all das vergessen, dass du in deinem Leben nicht erreichen konntest. Höre damit auf, immer wieder an deine Misserfolge und deine Verluste zurückzudenken.

Vergangene Misserfolge und Verluste mögen dazu geführt haben, dass du niedergeschlagen am Boden lagst und irgendwann deine Hoffnung verloren und aufgegeben, kapituliert hast. Aber Gott sagt dir, dass du dich bereit machen sollst, es ist an der Zeit, den Jordan zu überqueren. Du kannst es!

Es macht nichts, dass dein „Moses" tot und deine Fähigkeiten begrenzt sind. Du hast den Gott, mit dem kein Ding unmöglich ist. Er wird dir helfen. Bist du noch nicht verheiratet? Brauchst du Heilung und Befreiung? Sind deine Verwandten noch nicht gerettet? Enttäuschen dich deine Kinder immer wieder? Das ist nur der Jordan und du kannst ihn gewiss überqueren! Triff eine bewusste Entscheidung, das zu tun. Danach sei dir gewiss: Gott verpflichtet sich dazu, dir „jeden Ort, auf den deine Fußsohle treten wird" zu geben (Josua 1,3).

Weißt du auf was für ein Gebiet deine Füße treten sollen? Vielleicht ist es Heirat, Mutterschaft, Gesundheit oder finanzielle Freiheit. Gott kann dir alles geben, auf Seine Weise und gemäß Seinem Zeitplan. Alles was du tun musst ist glauben. Wenn es an der Zeit ist, in das Verheißene Land einzutreten, gehe hinein und sprich dabei die folgenden Worte: Ich trete in mein Erbe ein, in Wohlstand und Gelingen."

Gehe einen Schritt im Glauben und sage: „Ich glaube, dass ich in diesem Jahr meinen zukünftigen Ehemann kennenlernen kann" oder „heute ist der Tag, an dem ich geheilt werde".
Möchtest du ein Baby haben? Dann proklamiere, dass über dein Anliegen entschieden worden ist und dass das Baby in diesem Jahr geboren werden kann. Gott ist treu und wird Seine Versprechen einhalten (1. Korinther 1:9, 4. Mose 23:19).
Gerade jetzt spreche ich im Namen des Herrn Jesus Christus zu dir. Ich befehle dir, deinen Jordan zu überqueren!
Mein Vorschlag ist, einfach die Augen zu schließen und dir deinen Sieg vorzustellen. Stell dir vor, dass der Jordan hinter dir liegt und dir nicht länger Probleme und Schmerzen verursachen kann. Sieh das als prophetisches Wort an und handle danach, das wird dir helfen, in eine neue glückliche Realität einzutreten.
Glaube daran, dass all deine Lebensumstände verändert werden, gemäß dem Wort Gottes, und dass Er ein Wunder tun wird. Das Wort Gottes kann damit beginnen, dein Leben zu gestalten und zu erneuern.

> *und führte sein Volk heraus in Freude,*
> *seine Auserwählten in Jubel.*
> **Psalm 105:43**

Du hast jetzt keinen Grund mehr, traurig oder niedergeschlagen zu sein. Kehre in die Freude und Fröhlichkeit des Herrn ein, weil du über ein großes Problem hinweggeschritten bist. Kann irgendjemand über einen Sieg enttäuscht sein? Jeder, der gewinnt, freut sich an seinem Sieg! Lass diese Freude dein Herz erfüllen, frohlocke und gib Gott die Ehre! Empfange freudig dein Erbe!

Kapitel 3
Wenn du verlassen worden bist

Hast du jemals jemandem einen Gefallen getan -
ihn vielleicht rechtzeitig aus einer Not gerettet –
und wurdest später von dieser Person vergessen
oder gleichgültig behandelt?
Eine solche Undankbarkeit kann oft zu einer
großen Enttäuschung führen und den
Betroffenen mit Groll und Bitterkeit im Herzen
zurücklassen. Situationen dieser Art sind sehr
ernst zu nehmen, weil sie im Leben vieler
Menschen vorkommen. Wie sieht der Herr das?
Lasst uns in Gottes Wort schauen um es
herauszufinden.
Das 1. Buch Mose erzählt die Geschichte des
Lebens eines gottesfürchtigen jungen Mannes
namens Josef, der mehrmals in seinem Leben
durch Situationen dieser Art ging.

*Und Josef war nach Ägypten
hinabgeführt worden. Und Potifar, ein
Kämmerer des Pharao, der Oberste der
Leibwächter, ein Ägypter, kaufte ihn aus
der Hand der Ismaeliter, die ihn dorthin
hinabgeführt hatten.
Der HERR aber war mit Josef, und er war
ein Mann, dem alles gelang; und er blieb
im Haus seines ägyptischen Herrn
Und es geschah nach diesen Dingen, da
warf die Frau seines Herrn ihre Augen
auf Josef und sagte: Liege bei mir.*

1.Mose 39:1,2,7

Josef war von seinen zehn Brüdern verlassen worden, indem diese ihn an eine vorbeiziehende Händlerkarawane verkauft hatten. Dann wurde Moses an Potifar verkauft. Er wurde als Sklave in dessen Haus gebracht, wo Potifars Ehefrau sexuelle Annäherungsversuche bei ihm machte. Josef aber liebte Gott und hatte Angst zu sündigen. Deshalb mied er die Frau so gut er konnte. Sie dagegen versuchte weiterhin, ihn zu verführen, bis Joseph eines Tages davon lief. Weil sich Potifars Frau wegen Josefs Zurückweisung verschmäht fühlte und wütend war, log sie und verleumdete Josef vor ihrem Mann.

> *Da redete sie zu ihm mit denselben Worten: Der hebräische Sklave, den du uns hergebracht hast, ist zu mir gekommen, um Mutwillen mit mir zu treiben;*
> *Und Josefs Herr nahm ihn und legte ihn ins Gefängnis, an den Ort, wo die Gefangenen des Königs gefangen lagen; und er war dort im Gefängnis.*
> **1.Mose 39:17,20**

Auf Anhieb erscheint es so, als sei Josef grob misshandelt worden. Dennoch war „der HERR mit Joseph; und was er tat, ließ der HERR gelingen" (Vers 23) - sogar im Gefängnis. Gott hatte Josef die Gabe gegeben, Träume deuten zu können. Eines Tages bekam er dann die

Gelegenheit, diese Gabe zu gebrauchen, um den Obersten der Mundschenke und Bäcker zu dienen, die mit ihm im Gefängnis saßen.

Der Herr schenkte jedem von ihnen einen Traum und Josef deutete diese Träume. Drei Tage später erfüllten sich beide Träume gemäß Josefs Deutung – der Bäcker wurde getötet und der Oberste der Mundschenke kam zurück zum Hause des Pharaoh. Allerdings vergaß der Oberste der Mundschenke sein Versprechen, nach seiner Entlassung aus dem Gefängnis, für Josef einzutreten.

Aber der Oberste der Mundschenke dachte nicht mehr an Josef und vergaß ihn
1.Mose 40:23

In unserer Gesellschaft geschieht es häufig, dass wir von Menschen, denen wir geholfen haben, verlassen oder vergessen werden. Eltern kümmern sich nicht mehr um ihre Kinder. Freunde und Geschäftspartner vergessen, ihre Schulden zurückzuzahlen. Ehemänner, die Erfolg hatten, vergessen ihre Familien. Es tut weh, von denen verlassen und vergessen zu werden, die dir eigentlich zu Dank verpflichtet sind.

Eine solche Undankbarkeit bewirkt im Herzen der Betroffenen Gefühle der Enttäuschung. Manch einer hat dann so eine so große Angst, so etwas noch einmal zu erleben, dass er nicht mehr bereit ist, jemandem zu vertrauen. Er bleibt für sich alleine, anstatt auf andere zuzugehen und leidet deshalb.

Wut, Bitterkeit und Enttäuschung sind nicht das, womit Gott unser Herz erfüllen möchte.
Natürlich ist es schrecklich, im Stich gelassen worden zu sein, aber nur dann, wenn man Gott nicht kennt.

Es steht geschrieben:

> *Keine Versuchung hat euch ergriffen als nur eine menschliche.*
> **1.Korinther 10:13**

Wir alle leben mit anderen Menschen zusammen. Da niemand von uns perfekt ist, geraten wir manchmal in Schwierigkeiten untereinander. Glücklicherweise ist „Gott aber treu, der nicht zulassen wird, dass ihr über euer Vermögen versucht werdet, sondern mit der Versuchung auch den Ausgang schaffen wird, so dass ihr sie ertragen könnt" (Vers 13)
Gott kann dich von jedem Problem befreien und er kann all die Wunden deines Herzens heilen.

> *Sogar mein Vater und meine Mutter haben mich verlassen, aber der HERR nimmt mich auf.*
> **Psalm 27:10**

Wir können sicher sein, dass gute und anständige Eltern ihre Kinder niemals verlassen werden. Sie sind gar nicht fähig dazu. Aber es gibt Eltern, die dazu fähig sind. Eltern können ihre Kinder dann verlassen, wenn der Teufel sie verblendet hat und in ihrem Leben regiert. Das geschieht manchmal, aber es ist nicht normal. Aber Gottes Liebe zu uns wird niemals aufhören. Dieser Vers gibt uns das Versprechen, dass Er uns niemals verlassen wird, selbst dann wenn uns unsere Eltern verlassen haben. Denke immer daran.

Am wichtigsten ist jedoch, dass du keinen Rachegefühlen Raum in deinem Herzen gibst, auch dann nicht, wenn du betrogen oder verlassen worden bist. Rache kann sehr unglücklich machen. Sie ist sehr gefährlich. Ich weiß von einer verärgerten Frau, die ihren Mann mit einer Pfanne auf den Kopf geschlagen hat. Der Mann wurde daraufhin so wütend, dass er seine Frau sehr heftig schlug. Schließlich wurde er so von Rachegefühlen bestimmt, dass er seiner Frau ein Messer ins Herz stieß.

Kürzlich betrieb ein alter Freund von mir Nachforschungen im Bereich verwandtschaftliche Beziehungen. Er kam zu der Schlussfolgerung, dass bei etwa 60 % aller Morde, Rache das Motiv war. Oft geht er in Gefängnisse und predigt das Wort Gottes. Er führte Gespräche mit Insassen, die aus Rache ein Verbrechen begangen hatten, und diese bewiesen seine Schlussfolgerung.

Manchmal werden Frauen zu Prostituierten, um sich so an denen zu rächen, die sie betrogen, verlassen, missbraucht oder beleidigt hatten. Lass nicht zu, dass der Teufel Rachegefühle in dich legt. Das wäre so als zeigtest du mit dem Finger auf die Täter, um sie anzuklagen, während diese mit ihrem Finger ebenso auf dich zeigen. Das heißt mit anderen Worten, dass du dir selbst mehr Schaden zufügen wirst, als irgendjemand anderem. Viel weiser ist es, dein Herz mit Gottes Wort zu füllen, als mit solch hässlichen Gefühlen.

Wem vertraust du?

Auch wenn sich das seltsam anhören mag, aber manchmal ist es Gott, der es zulässt, dass uns ein Mensch auf den wir zählen, in einer bestimmten Situation im Stich lässt. Der Herr könnte verhindern, dass uns die Menschen helfen, auf die wir am meisten vertrauen, sofern wir nur auf die Hilfe dieser Menschen zählen und nicht zuerst auf die Hilfe des Herrn.
Weißt du, warum das alles geschieht? Gott lässt es zu unserem eigenen Besten zu. Er lehrt uns, unser Vertrauen stets allein auf Ihn zu setzen. Vielleicht bist du heute von einer bestimmten Person abhängig, die sich um dich kümmert und dich mit allem versorgt, was du zum Leben brauchst. Du vertraust dieser Person und verlässt dich voll und ganz auf sie. Was wäre aber, wenn dieser Person morgen etwas passieren würde? Möge Gott das verhindern, aber wie würdest du damit leben? Setze dein Vertrauen immer zuerst auf Gott – dem Freund, der anhänglicher ist als ein Bruder (Sprüche 18:24). Er ist die Quelle von allem was du brauchst – und er wird dich nicht im Stich lassen.

Die Natur bestätigt uns diese Wahrheit. Sicherlich hast du schon gesehen, wie sich eine Henne um ihre Küken kümmert, sie lehrt, wie man als Huhn lebt und sie auch durch Gefahren leitet. Ein halbes Jahr später jedoch beginnt die Mutterhenne, ihre Küken von sich weg zu jagen. Vorher konnten die Küken Zuflucht unter ihren Flügeln finden, aber dann wird es Zeit, dass sie unabhängig werden. Es wäre nicht fair, die Henne gemein zu nennen. Sie hat den Küken alles beigebracht, was sie brauchen und gibt ihnen die Chance, erwachsen zu werden und unabhängig zu leben. Auf dieselbe Weise lässt Gott manchmal Dinge in unserem Leben zu, so dass wir wachsen und daran reifen können.

> *Doch dem Unterdrückten ist der HERR eine hohe Feste, eine hohe Feste in Zeiten der Bedrängnis.*
> **Psalm 9:10**

Sei niemals verärgert über Menschen, sondern lerne stattdessen, dem Herrn zu vertrauen. Dann wird er dir zu einer sicheren Festung in Zeiten der Bedrängnis werden.

> *Auf dich vertrauen, die deinen Namen kennen; denn du hast nicht verlassen, die dich suchen, HERR.*
> **Psalm 9:11**

Hat dich jemand betrogen oder im Stich gelassen? Bist du enttäuscht worden? Dann ist es an der Zeit, den Herrn zu suchen. Du solltest ihn regelmäßig suchen, und auch dann nicht aufhören, wenn es wirklich hart für dich wird. Gott wird dein Herz sehen und deine Aufrichtigkeit. Er wird nicht zu langsam sein, um dir zu Hilfe zu kommen. Der Herr bleibt niemals unberührt gegenüber denen, die ihn suchen. Vergiss nicht, was der Herr schon alles in deinem Leben getan hat.

Wenn du darin nachgelassen hast, Ihn zu suchen, suche Ihn von neuem und lasse dich von Seinem Wort erfüllen. Du kannst sicher sein: Wenn ein Mensch dir den Rücken gekehrt hat, dann wird der Herr selbst für dich sorgen. Wende dich Ihm zu und lass Ihn deine Zuflucht und Hoffnung werden.

> *Singet dem HERRN, der Zion bewohnt, verkündet unter den Völkern seine Taten!*
> *Denn der dem vergossenen Blut nachforscht, hat ihrer gedacht; er hat das Schreien der Elenden nicht vergessen.*
> **Psalm 9, 12:13**

Wenn uns jemand emotional verletzt, dann ist es genauso, als hätte er uns physisch schlagen und unser Blut vergossen. Bist du ungerecht behandelt oder misshandelt worden? Gott sieht alles, und er „forscht dem vergossenen Blut nach" oder er „rächt das Blut", so wie es die verschiedenen Übersetzungen der Bibel beschreiben. Denke immer daran, dass nicht du der Rächer bist, sondern Gott. Erlaube Gott, der

Richter über diejenigen zu sein, die dir etwas angetan haben. (v. 9) Gemäß Seinem Wort, wird er an ihnen Vergeltung üben.

Denke aber daran, dass Seine Wege der Vergeltung nicht unsere Wege sind. (Jesaja 55:8-9).

Während der ersten acht Monate, in denen ich in der Ukraine lebte, wurde ich viermal ausgeraubt. Nach dem ersten Raub, musste ich zur Polizei gehen. Allerdings konnte mir diese nicht helfen. All ihre Bemühungen, die Räuber zu fassen, waren vergeblich. Dann entschied ich mich, alles in Gottes Hand zu legen, denn er „rächt das Blut", und das bedeutet, dass Sein Handeln immer etwas bewirkt. Rate einmal, was der Herr tat? Er begann damit, die Räuber und Diebe in meine Gemeinde zu bringen! Ich bin sehr glücklich darüber, denn es ist besser für sie, umzukehren und gerettet zu werden, als ins Gefängnis zu gehen.

Befreiung aus tragischen Situationen

Manchmal gebraucht Gott eine Situation, in der eine Person die andere vergisst oder im Stich lässt, um die im Stich gelassene Person von der Abhängigkeit von Menschen zu befreien und sie statt dessen von Ihm abhängig zu machen. Gott bezeichnet diese Art falschen Vertrauens in der Bibel als einen Fluch.

*So spricht der HERR: Verflucht ist der
Mann, der auf Menschen vertraut und
Fleisch zu seinem Arm macht und dessen
Herz vom HERRN weicht!*
Jeremia 17:5 (Hoffnung für alle)

*Ich, der Herr, sage: Mein Fluch lastet auf
dem, der sich von mir abwendet, seine
Hoffnung auf Menschen setzt und nur
auf menschliche Kraft vertraut.
Er ist wie ein Dornstrauch in der Wüste,
der vergeblich auf Regen wartet. Er steht
in einem dürren, unfruchtbaren Land, wo
niemand wohnt.*
Jeremia 17:5-6

Wenn dich jemand im Stich gelassen hat, dann
muss dich das nicht belasten, wenn du daran
glaubst, dass der allmächtige Gott für dich sorgt.
Auf einen Menschen aber, der nicht nur auf die
Kraft einer anderen Person vertraut, sondern
sich darüber hinaus auch noch von Gott
abwendet, warten ernsthafte Probleme. Jeder
der sagt: „Wozu brauche ich Gott und wozu
brauche ich Christus, was bringt mir die Kirche?"
gerät automatisch unter den Fluch, von dem
Jeremia gesprochen hat.
Einmal lud eine junge gläubige Frau eine Frau im
Rollstuhl in die Gemeinde ein und sagte zu ihr: „
Wir werden für dich beten. Du wirst Jesus als
deinen Herrn und Erlöser in deinem Herzen
empfangen und der Herr wird dich heilen."
Darauf antwortete die an den Rollstuhl
gefesselte Frau: „Wozu brauche ich Jesus? Ich

habe einen Ehemann, und er ist mein Gott! Er passt auf mich auf und versorgt mich mit allem was ich brauche." Es ist nicht verkehrt, dass wir uns von anderen helfen lassen, aber diese Frau lehnte den Herrn ab und deshalb konnte Er sie nicht heilen. (sh. Markus 6:1-5). Sie vertraute allein auf Fleisch, womit sie den Fluch, von dem Jeremia 17 spricht, auf sich zog und der Krankheit erlaubte, in ihrem Leben zu verharren.

Als ich ein sechsjähriger Junge war, war unsere Familie recht gut situiert. Wir waren in jedem Bereich wohlhabend. Mein älterer Bruder war der Professor und Direktor des „International Relationship Institute", und er verdiente ziemlich viel Geld. Mein mittlerer Bruder war Minister der Volkswirtschaft und meine ältere Schwester machte eine erfolgreiche Karriere im Business. Unser Vertrauen setzten wir allein auf Menschen, nicht auf Gott.

Für eine Weile genossen wir unser Leben und es erschien uns so als brauchten wir Gott nicht. Aber schließlich, in einem Zeitraum von sechs Monaten, ging meine Familie durch unglaubliches Leid. Meine Schwester starb bei einem Autounfall. Mein mittlerer Bruder starb auf der Rückfahrt von ihrer Beerdigung auf dieselbe Weise. Mein älterer Bruder war so schockiert von all dem was geschehen war, dass er in eine Depression verfiel und wenig später ebenfalls verstarb. So verlor unsere Familie alles. Erst danach begannen wir, die übrig geblieben waren, nach dem Herrn zu suchen. In gewisser

Weise fühlte ich mich im Stich gelassen als meine Schwester und zwei Brüder mich auf so schreckliche Weise verlassen hatten. Aber so grauenhaft diese Tragödien auch waren, wer weiß ob wir ohne sie jemals den Schöpfer kennengelernt hätten.

Der Herr möchte uns aus tragischen Situationen jeder Art befreien.

Deshalb erlaubt er, dass diejenigen, denen wir vertrauen, uns manchmal verleugnen und enttäuschen.

In der Welt ergibt es keinen Sinn, aber auf diese Weise erlöst uns der liebende Gott von dem Fluch, der in Jeremia 17 beschrieben ist. Von jemandem im Stich gelassen zu werden mag als eine Tragödie erscheinen, tatsächlich kann es aber zum Plan Gottes gehören und einem höheren Sinn in deinem Leben dienen. Wenn du es auf diese Weise betrachtest, dann kannst du Gott danken, wenn dich Menschen im Stich lassen. Den biblischen Beweis dafür findet man in der Geschichte Josefs.

Zur Großartigkeit emporgehoben

> *Aber der Oberste der Mundschenke dachte nicht mehr an Josef und vergaß ihn.*
> **1.Mose 40:23**

Wir haben schon an früherer Stelle gelesen, dass der Oberste der Mundschenke aus dem Gefängnis entlassen wurde, so wie Josef es ihm vorausgesagt hatte, als er seinen Traum deutete. Tatsächlich erlaubte es Gott selbst, dann dem Obersten der Mundschenke, Josef zu vergessen (nachdem er in den Palast zurückgeschickt worden war, um dort seine Position wieder einzunehmen), denn menschliche Fähigkeiten sind immer nur begrenzt. Wenn sich der Oberste der Mundschenke an sein Versprechen erinnert hätte, hätte er Josef nur in so weit helfen können, wie es seine menschlichen Fähigkeiten zugelassen hätten. Josef wäre vielleicht aus dem Gefängnis entlassen worden, aber er wäre ein Sklave geblieben. So wäre er nicht in der Lage gewesen, tausende von Menschen während der siebenjährigen Hungersnot zu retten, von der das Land später heimgesucht wurde. Der Oberste der Mundschenke hätte nicht mehr tun können.

Aber Gottes Hilfe ist im Gegensatz zu menschlicher Hilfe unbegrenzt.
Der Herr wollte, dass Josef in all diesen Umständen lernte, sein Vertrauen auf Ihn zu setzen. In dem Moment, in dem Josef den Obersten der Mundschenke bat, ihn zu bedenken, setzte er eigentlich sein Vertrauen in einen Menschen. Der Herr wusste, dass seine Zeit der Befreiung aus dem Gefängnis noch nicht gekommen war, und deshalb erlaubte er dem Mundschenk, Josef für eine Weile zu vergessen. Anstatt seine Gabe, Träume zu deuten, einzusetzen, ohne dabei an seinen eigenen Vorteil zu denken, rechnete Josef mit menschlicher Hilfe.

Es überrascht mich nicht, wenn ich manche Menschen sagen höre: „Ich werde für dich beten wenn du mir 100 $ gibst" oder „Ich werde für dich beten, aber was wirst du für mich tun?" Gott möchte aber nicht, dass wir uns so verhalten. Gott gibt uns Gaben, damit wir anderen damit dienen, aber Begierde und das Vertrauen allein auf Menschen lehnt er ab.

> *Der HERR aber war mit Josef und wandte sich ihm in Treue zu und gab ihm Gunst in den Augen des Obersten des Gefängnisses.*
> *Und der Oberste des Gefängnisses übergab alle Gefangenen, die im Gefängnis waren, der Hand Josefs; und alles, was man dort tat, das veranlasste er.*
> *Der Oberste des Gefängnisses sah nicht nach dem Geringsten, das unter seiner Hand war, weil der HERR mit ihm war; und was er tat, ließ der HERR gelingen.*
> *1.Mose 39:21-23*

Gott hatte Josef in keinem einzigen Moment verlassen, während der Mundschenk keine einzige Erinnerung an ihn hatte. Durch Josef hatte der Herr bewiesen, dass nichts außerhalb Gottes Willen geschieht und dass Er selbst für Seine Kinder sorgt.

Es gab aber noch einen anderen Grund, warum Gott dem Mundschenk erlaubte, Josef zu vergessen. Wenn es dem Mundschenk gelungen wäre, Josef zu befreien, dann hätte dieser dem Mundschenk gedankt und nicht Gott. Der Prophet Jesaja sagt uns jedoch, dass Gott Seine Ehre niemals, mit irgendjemandem teilen wird. (Jesaja 48:11). Sehr oft gebraucht der Herr Menschen, damit sich Seine Ziele erfüllen, und die Menschen haben immer auch die Chance zu erkennen, dass Gott hinter all dem steht. Der Herr wird Menschen nur dann erlauben, dir zu Hilfe zu kommen, wenn Er sicher ist, dass du allein Ihm alle Ehre dafür geben wirst.

Ich will damit nicht sagen, dass es nicht notwendig ist, auch Menschen zu danken. Das ist es durchaus. Die ganze Ehre muss aber dem Einen gegeben werden, dem sie wahrlich gebührt – dem Herrn – nur mit Ihm kann die Situation erfolgreich bewältigt werden.

Josef verbrachte also noch eine Weile länger im Gefängnis. Als dann Gottes Zeitpunkt gekommen war und man Josef gedachte, geschah etwas Besonderes.

Gott gab dem Pharao einen Traum, den niemand deuten konnte. Es geschah dann, dass sich der Oberste der Mundschenke an Josef erinnerte und dem Gebieter von Josefs Fähigkeit, Träume zu deuten, erzählte. Josef wurde gerufen, um vor den Pharao zu treten um ihm die Bedeutung seines Traumes zu erklären. Beachte, dass Josef ihm den Traum deutete, aber danach keinen Lohn für sich selbst erbat. Der Herr jedoch fügte es dann, dass Josef so in der Gunst des Pharaos stand, dass er zum zweithöchsten Herrscher über ganz Ägypten gemacht wurde.

    (1. Mose 41:39-41)

Der Herr wird Menschen nur dann erlauben, dir zu helfen wenn er sich sicher ist, dass du Ihm alle Ehre geben wirst.

Josef wartete auf den Zeitpunkt des Herrn, und der Herr befreite ihn nicht nur selbst, sondern er schüttete auch Seinen Segen über Josef aus und gab ihm Autorität, Wohlstand und Macht. Josef war nur aus einem Grund verlassen worden: Um bis zu dem von Gott bestimmten Zeitpunkt den Höhepunkt seines Lebens zu erreichen. So wurde der Herr verherrlicht – und so wird der Herr auch in deinem Leben verherrlicht werden. Vergib all denen, die dich verletzt haben und segne sie. Schau allein auf Gott, wenn du Hilfe brauchst, warte auf Seinen Zeitpunkt für dich, und erwarte von Ihm, dass Er dich emporhebt und auf deine Weise großartig werden lässt.

Kapitel 4
Empfange deinen Manasse

Und dem Josef wurden zwei Söhne
geboren, ehe das Jahr der Hungersnot
kam, die Asenat ihm gebar, die Tochter
Potiferas, des Priesters von On.
Und Josef gab dem Erstgeborenen den
Namen Manasse. Denn Gott hat mich
vergessen lassen all meine Mühe und das
ganze Haus meines Vaters.
1. Mose 41:50,51

Josef musste viel ertragen bis der Herr ihn im
Land Ägypten erhöhte. Nachdem er dann aber
zum zweiten Herrscher über diese ganze Nation
gemacht worden war, schenkte der Herr ihm
Kinder. Den Erstgeborenen nannte er Manasse,
was bedeutet „vergessen lassen". Dieser Name
hat eine tiefe Bedeutung. Er sagt aus, dass Gott
Josef sowohl sein Leid, als auch sein Vaterhaus
vergessen ließ. Manasse steht für ein Denkmal,
ein lebendiges Zeugnis der Gnade, Güte und der
Treue Gottes. Es gab Zeiten der Not und des
Leidens im Leben Josefs. Er hatte viele Tränen
vergossen. Aber der Herr segnete ihn in so
wunderbarer Weise, dass er seine Vergangenheit
vergaß.

Lieber Leser, wenn so etwas in Josefs Leben
geschehen ist, kann Gott auch dich so überreich
segnen, dass du nicht mehr länger an die

schmerzlichen Erfahrungen der Vergangenheit oder an gegenwärtige Probleme denken musst. Manasse ist ein Zeugnis, das uns einen der Charakterzüge Gottes offenbart. Unser Herr ist der Gott, der Seinen Kindern „Manasse" schenkt, oder einen Segen, der uns vergangenes Leiden vergessen lässt.

Ich glaube mit ziemlicher Sicherheit behaupten zu können, dass du zu manchen Zeiten deines Lebens durch Qual, Leid und Trauer gegangen bist, so wie es bei den meisten Menschen der Fall war. Manches davon mag dein Herz noch immer bedrücken. Vielleicht fragst du dich immer wieder: „Werde ich jemals Befreiung davon erleben?"
Es freut mich, dass ich dir gute Nachrichten bringen kann: Die Antwort ist ja. Du kannst deinen „Manasse" empfangen.
Ich glaube, dass Gott einen Segen für dich vorbereitet hat, der deine Tränen trocknen und dich das Leid deiner Vergangenheit vergessen lassen wird, das dich noch immer quält. Der Herr sagt in Hebräer 4:12 „Denn das Wort Gottes ist lebendig und wirksam und schärfer als jedes zweischneidige Schwert". Du kannst das Wort Gottes in deinem Leben aktiv werden lassen („lebendig und wirksam"), indem du im Glauben deinen „Manasse" empfängst.
Wie hat Josef seinen Manasse empfangen? Bevor das geschah war sein Leben eher schwer gewesen. Seine Mutter war bei der Geburt gestorben, weshalb er ohne eine Mutter aufwuchs, die ihn liebte und für ihn sorgte. In

gewisser Weise lebte er das Leben eines Waisen, denn das Leben ohne die Liebe und Fürsorge einer Mutter ist tragisch.

Vielleicht hast du ähnliche oder sogar noch schlimmere Umstände erfahren, vielleicht warst du ein Waisenkind, obwohl deine Eltern lebten. Wenn dem so ist musst du wissen, dass der Segen des „Manasse" noch immer dir gehören kann.

In 1. Mose 37 heißt es, dass es in Josefs Leben noch eine andere Tragödie gab: Seine eigenen Brüder hassten ihn. Nachdem ihnen Josef in der Einfachheit seines Herzens von seinem Traum erzählt hatte, der scheinbar bedeutete, dass sich seine Brüder eines Tages vor ihm beugen würden, hassten sie ihn mehr denn je. (V. 5 – 11). Hass ist eines der abscheulichsten Gefühle, und es ist besonders schmerzlich, den Hass der engsten Verwandten spüren zu müssen.

Josef wurde nicht nur von seinen Brüdern gehasst, er wurde auch verraten.

> *Und es geschah, als Josef zu seinen Brüdern kam, da zogen sie Josef seinen Leibrock aus, den bunten Leibrock, den er anhatte.*
> *Und sie nahmen ihn und warfen ihn in die Zisterne; die Zisterne aber war leer, es war kein Wasser darin.*
> **1.Mose 37:23,24**

Josefs Brüder planten, ihn umzubringen. Ihr Hass war so intensiv, dass sie entschieden, ihm das Leben zu nehmen. Vielleicht kennst du das und hast selbst auch Hass von Seiten dir nahe stehender Menschen erlebt. Doch durch die Geschichte Josefs wirst du sehen, dass auch du deinen „Manasse" empfangen kannst.

Taten sprechen laut

Die nächste Wendung in Josefs Leben war nicht weniger tragisch. Er wurde in die Sklaverei verkauft.

> *Da sagte Juda zu seinen Brüdern: Was für ein Gewinn ist es, dass wir unseren Bruder erschlagen und sein Blut zudecken?*
> *Kommt, lasst uns ihn an die Ismaeliter verkaufen; aber unsere Hand sei nicht an ihm, denn unser Bruder, unser Fleisch ist er! Und seine Brüder hörten darauf.*
> *Da kamen midianitische Männer vorüber, Händler, und sie zogen ihn heraus und holten Josef aus der Zisterne herauf. Und sie verkauften Josef an die Ismaeliter für zwanzig Silberschekel. Und sie brachten Josef nach Ägypten.*
> **1.Mose 37:26-28**

Vielleicht bist du nie in die Sklaverei verkauft worden. Dennoch können die Umstände im Leben eines Menschen eine solche Wendung nehmen, dass er sich nicht besser fühlt, als jemand, der in die Sklaverei verkauft worden ist.

Eine ähnliche Situation wird im 1. Buch Samuel beschrieben. Sie erzählt von einer gottesfürchtigen Frau namens Hannah, eine Frau, die von ihrem Ehemann Elkanah innig geliebt wurde.
Leider konnte sie aber keine Kinder bekommen. Sie hatte das Gefühl, als hätte der Herr ihren Leib verschlossen. Sicherlich, wird sie sich als Sklavin der Unfruchtbarkeit gefühlt haben. Was alles noch schlimmer machte, war die Tatsache, dass Peninnah, die zweite Frau ihres Mannes, mehrere Söhne und Töchter hatte und Hannah oft wegen ihrer Unfruchtbarkeit verhöhnte.

> *Aber Elkana, ihr Mann, sagte zu ihr: Hanna, warum weinst du? Und warum isst du nicht? Und warum ist dein Herz betrübt? Bin ich dir nicht mehr wert als zehn Söhne?*
> **1.Samuel 1:8**

Hannah sehnte sich nach Kindern und litt sehr darunter, dass sie keine bekommen konnte. In ihrer Verzweiflung schrie sie zum Herrn. Sie machte dem Herrn ein Gelübde, ihm das Kind zu weihen das er ihr schenken würde.
Einige Zeit später erhörte Gott ihr Gebet. Er schenkte ihr einen Sohn (ihren „Manasse"), und sie blieb ihrem Gelübde treu.

> *Und als sie ihn entwöhnt hatte, nahm sie ihn mit sich hinauf nach Silo - dazu drei Stiere und ein Efa Mehl und einen Schlauch Wein - und brachte ihn in das*

Haus des HERRN. Der Junge aber war
noch jung.
Und sie schlachteten den Stier und
brachten den Jungen zu Eli.
1.Samuel 1:24,25

Bemerke, dass Hanna nicht nur ein Kind in das Haus des Herrn brachte, sie brachte auch ein Opfer. Lieber Leser, du kannst deinen „Manasse" empfangen, wenn du dir bewusst machst, was Gott bereits für dich getan hat. Hat er dich gerettet? Hat er dich geheilt? Hat er dich aus einer Gebundenheit befreit? Dann bringe ihm ein Dankopfer dar. Folge dem Beispiel Hannas. Ich glaube, dass sie die weiseste unter den Frauen war. Sie hat nicht nur ihren einzigen Sohn dem Herrn dargeboten, sie brachte dem Herrn auch ein Dankopfer dar, für das Wunder, das er in ihrem Leben getan hatte. Es war für sie nicht ausreichend, nur ihren Sohn zum Priester zu bringen. Sie drückte ihren Dank aus, indem sie „dazu drei Stiere und ein Efa Mehl und einen Schlauch Wein – in das Haus des Herrn brachte". (V. 24)
Du kannst sicher sein, dass es Gott nicht unberührt lässt, wenn du deine Dankbarkeit aktiv vor ihm zum Ausdruck bringst. Hier siehst du, wie er auf Hannahs Dankbarkeit geantwortet hat.

Und Eli segnete Elkana und seine Frau
und sagte: Der HERR gebe dir
Nachkommen von dieser Frau anstelle
des Erbetenen, das sie vom HERRN

erbeten hat! Und sie gingen nach Hause zurück.
Und der HERR suchte Hanna heim, und sie wurde schwanger; und sie gebar noch drei Söhne und zwei Töchter. Und der Junge Samuel wuchs auf beim HERRN.
1.Samuel 2:20,21

Der Herr gab ihr einen „Manasse". Mit anderen Worten: Er segnete sie so überreich mit Kindern, dass Hanna nicht mehr länger an ihre frühere Unfruchtbarkeit dachte, auch wenn ihr erstes Kind nicht bei ihr war. Sie war zu sehr damit beschäftigt, für ihre anderen drei Söhne und zwei Töchter zu sorgen.

Warum geschah nach so vielen Jahren der Unfruchtbarkeit so etwas?

Der Grund dafür war, dass Hannah ein dankbares Herz hatte. Ihre Taten sprachen laut zu Gott. „Herr, ich möchte dir das Liebste geben das ich habe!" Sie tat das ohne dafür etwas im Gegenzug zu erwarten. Und Gott zeigte ihr, wie er ihr dankbares Herz zu schätzen wusste. Er wurde der „Gott Manasses" für sie.

Wende dich dem zu der dich segnen wird

Das ist nicht der einzige Fall in der Bibel, in dem jemand seinen „Manasse" empfangen hat. Das Wort Gottes spricht von vielen anderen Fällen, wie z. B. die Geschichte von einem Mann, der vom Aussatz geheilt wurde. Jesus offenbarte sich als den Gott Manasses, als er den Aussätzigen heilte, der gekommen war um ihn um Hilfe zu bitten. (Matthäus 8:2-4).

Die Bibel erzählt, dass der Aussatz sich nicht weiter auf seinem Körper ausbreitete, worauf Jesus zu ihm sagte: „Du bist gereinigt worden; nun gehe und bringe dem Priester ein Opfer dar."

Ich glaube, dass der Körper des Mannes erst völlig heil wurde, nachdem der Aussätzige Jesu Befehl gefolgt war.

Du siehst, es besteht ein ernstzunehmender Unterschied, wenn es darum geht, ob der Aussatz zum Stillstand kam, oder ob der Körper davon gereinigt worden ist. Normalerweise gab es bei einem Menschen, der vom Aussatz geheilt worden war, starke Nachwirkungen der Krankheit. Der Körper faulte zwar nicht länger, aber einige Gliedmassen waren bereits zerstört worden. So hatte ein Aussätziger vielleicht nur kurze Finger oder Zehen. Der Aussatz war zwar verschwunden, aber der Schaden blieb bestehen. So war es auch bei dem Aussätzigen, der Jesus um Hilfe gebeten hatte.

Die endgültige Heilung empfing er erst, nachdem er dem Herrn im Glauben ein Dankopfer dargebracht hatte. Danach waren alle Anzeichen des Gebrechens verschwunden, seine Heilung wurde zu seinem „Manasse". Wenn wir Gott treu bleiben, unsere Herzen von Dankbarkeit für ihn überfließen, dann wird er uns ganz sicher mit einem „Manasse" segnen. Hier ein modernes Beispiel dafür:

Vor kurzem kam eine Frau in mein Büro. Sie stellte eine Tasche mit Schmuck auf meinen Tisch und bat mich, ihn anzunehmen.

Ich war sehr verblüfft darüber. Eine ganze Weile versuchte ich, ihr zu erklären, dass die Gemeinde den Schmuck nicht brauche. Sie bestand aber auf ihrer Entscheidung und teilte mir mit, was sie dazu veranlasst hatte.

Ihr Sohn war in eine unangenehme Situation geraten. Sie hatte zum Herrn um Hilfe geschrien und Er hatte ihr geantwortet. Gott hatte ihren Sohn gerettet und das Problem gelöst. Dennoch konnte die Mutter keine Ruhe finden. Sie wurde von der Angst verfolgt, dass das Problem zurückkehren könnte. Ständig sorgte sie sich um die Zukunft ihres Sohnes.

Nachdem sie einmal eine Predigt über das Dankopfer gehört hatte, hatte sie das Gefühl, dass allein dieses der Weg ist, um von ihren quälenden Gefühlen frei zu werden. Sie erwähnte als Beispiel auch die Geschichte vom Aussätzigen und bat mich dann noch einmal, ihr Geschenk anzunehmen. „Pastor, es ist ein Geschenk für Gott, nicht für Menschen. Wenn du es nicht annehmen willst, dann gib es Gott!"

Ich nahm es an und sprach einen Segen über ihr Leben aus. Sie empfing ihren „Manasse"!

Auch in meinem Leben gab es Zeiten des Leides. Als ich an der Universität studierte, musste ich unter Ungläubigen leben. Ich war anders als sie – ich rauchte nicht, trank nicht und lebte nicht in Unzucht. Die anderen machten sich deshalb ständig lustig über mich. Eines Tages wurde ich das so leid, dass ich zum Herrn betete, „Oh Herr, gib mir eine Ehefrau, die mich für all diese Beleidigungen entschädigt", und er beantwortete mein Gebet. Heute haben viele der Leute, die mich damals beleidigt hatten, keinen Erfolg im Privatleben, während ich einen solchen genieße. Es mag manchmal schwierig sein, ein Leben zu leben, das Gott verherrlicht, aber es lohnt sich, sich gegen das System dieser Welt zu stellen, um so seinen „Manasse" zu empfangen.

Vor etwa zwei Jahren versuchten die städtischen Behörden immer wieder, mich dazu zu bringen, die Ukraine zu verlassen. So ging das mehrere Monate lang, bis ich es eines Tages so leid wurde, dass ich zum Herrn sagte: „Herr! Bitte schütze mich vor all diesen Schwierigkeiten". Ich begann damit, ihm für alles das zu danken, was er für mich getan hatte und alles was er noch tun würde. Nur wenig später streckte Gott seine Hand aus und schüttete so viel Segen über meinem Leben aus, dass ich all die Probleme, die mich so sehr belastet hatten, vergaß.

> *Der Segen des HERRN, der macht reich, und eigenes Abmühen fügt neben ihm nichts hinzu.*
> **Sprüche 10:22**

Es ist die Wahrheit, dass du in Zeiten des Schmerzes und des Leides nicht trauern oder weinen musst. Hebe deine Augen zum Herrn auf, der bereit ist, dir ohne Verzögerung zu Hilfe zu kommen. Wende dich mit Lob und Dankbarkeit demjenigen zu, der dich segnen wird.

Ein Zeichen der Gnade Gottes

Einmal gab eine Frau unserer Gemeinde Zeugnis darüber, wie der Herr sie mit einem „Manasse" gesegnet hatte. Nachdem sie seit fünfzehn Jahren geschieden und einsam war, erwartete sie nichts Gutes mehr vom Leben. Aber unserem liebenden Gott, war ihr Leid nicht gleichgültig. Er führte sie in unsere Gemeinde und sie begann, ihm dort treu zu dienen. Einige Zeit später überraschte Gott sie in großartiger Weise. Mit fünfzig Jahren fand sie das Glück einer geheiligten Ehe – sie heiratete einen Mann Gottes, der eine leitende Funktion in der Gemeinde hatte.

Das erste Zeichen der Gnade Gottes im Leben eines Menschen ist, dass andere Menschen ihm oder ihr ihre Aufmerksamkeit schenken. Genau das geschah auch bei Josef.

Was war der Segen Gottes, der „Manasse" für Josef? Wie heilte Gott die tiefen Wunden seines Herzens, die ihm durch den Tod seiner Mutter, den Verrat anderer und die Verbannung von Heimat und Familie zugefügt worden waren? Wie hatte Gott ihn für all das entschädigt? Gott wirkte am Herzen des Pharao, so dass dieser, Josef wohl gesonnen war.

Und das Wort war gut in den Augen des Pharao und in den Augen aller seiner Diener.
1.Mose 41:37

Es war ein Zeichen dafür, dass Josef seinen „Manasse" bald empfangen würde.
Ich weiß, dass das auch in deinem Leben ganz sicher geschehen kann, so wie es auch bei einem unserer Gemeindemitglieder war – einem Mädchen, das in unserem Sonntagsgottesdienst das Gebet für andere Länder leitete. Sie diente treu, aber sie hatte selbst auch ein ganz bestimmtes Anliegen – um zur Universität gehen zu dürfen, musste sie sehr viel Geld bezahlen, das sie aber nicht hatte. Zu der Zeit begann eine Geschäftsfrau, unsere Gottesdienste zu besuchen. Bald lenkte Gott ihre Aufmerksamkeit auf dieses Mädchen. Gott forderte sie auf, dem Mädchen einen gutbezahlten Job in ihrer Firma anzubieten. Das Mädchen erhielt dadurch nicht nur ganz plötzlich eine gutbezahlte Stelle, sondern sie konnte auch umsonst studieren. Der Herr bewirkte, dass Menschen auf sie aufmerksam wurden und segnete sie so großzügig, dass es alle Erwartungen des Mädchens übertraf, ganz genauso wie Gott es auch für Josef getan hatte.
Ich hoffe, dass dich diese Zeugnisse darüber, wie andere ihren „Manasse" empfangen haben, ermutigen konnten, an deinen eigenen Manasse zu glauben. Lasst uns mit Josefs Geschichte fortfahren, denn Gott hatte noch nicht damit aufgehört ihn zu segnen.

Der „Manasse" gehört dir

Gottes großzügiger Segen beschränkte sich nicht allein darauf, dass er Josef die zweithöchste Stellung in ganz Ägypten gegeben hatte, sondern die Salbung in Josefs Leben breitete sich so stark aus, das sie nicht mehr zu übersehen war.

> *Und der Pharao sagte zu seinen Dienern: Werden wir einen finden wie diesen, einen Mann, in dem der Geist Gottes ist?*
> *1.Mose 41:38*

Der Beweis dafür, dass die Salbung Gottes in deinem Leben wirksam ist, liegt darin, dass dein Herz besonders empfänglich für Sein Wort wird. Du hast das Verlangen, den Herrn immer tiefer kennenzulernen und du widmest mehr Zeit dem Gebet. Dafür gibt es nur eine Erklärung: Der Geist des Herrn zieht dich zu Ihm.

Im ersten Buch Mose lesen wir, dass bevor Gott gesagt hatte „Es werde Licht" (1. Mose 1:3), „schwebte der Geist Gottes über den Wassern" (V. 2).

Wenn der Heilige Geist also an dir arbeitet und in deinem Leben Raum gewinnt, wenn du Gott von ganzem Herzen suchst, dann besteht kein Zweifel daran, dass dein „Manasse" bereits unterwegs ist.

Ein weiterer Segen war für Josef, dass er unerwartet erhöht wurde – er wurde auf eine neue Ebene emporgehoben.

Du sollst über mein Haus sein, und deinem Mund soll mein ganzes Volk sich fügen; nur um den Thron will ich größer sein als du.
1.Mose 41:40

Erhöhung (oder Aufstieg), wie wir sie vom Wort Gottes her verstehen, kommt nicht von Osten oder von Westen, sondern allein vom Herrn. Gott erweiterte Josefs Autorität und machte ihn auf der ganzen Welt bekannt. Vielleicht denkst du, dass du gar nicht auf diese Weise erhöht werden musst. Ich bin aber davon überzeugt, dass wenn Gott jemanden erhöhen will – und das schließt auch dich mit ein – dann würde es niemandem zum Schaden werden. Gemäß 1. Samuel 2:7 ist Gott derjenige, der erniedrigt und erhöht. Ich hoffe, dass du nicht nur auf niedrigem Level leben möchtest. Du solltest immer das vom Herrn empfangen was er dir geben möchte. Ich glaube, dass Joseph schon ganz benommen war, von all diesen Segnungen. Er konnte nach und nach all das Leid seiner Vergangenheit vergessen. Aber offensichtlich schien das für Gott noch nicht genug zu sein, denn er ging noch weiter. Er vertraute Josef ein großes Vermögen an.

Und der Pharao nahm seinen Siegelring von seiner Hand und steckte ihn an Josefs Hand, und er kleidete ihn in

Kleider aus Byssus und legte die goldene Kette um seinen Hals.
1.Mose 41:42

All diese Geschenke waren Zeichen des Wohlstandes. Joseph war immer großzügig gewesen (zuerst in Potiphars Haus und dann im ägytischen Gefängnis); er gab immer sein Bestes, egal zu welcher Arbeit er aufgefordert wurde. Denke daran: „Wer gern wohl tut wird reichlich gesättigt" (Sprüche 11:25). Das ist das biblische Prinzip von Saat und Ernte. Säe beständig, lebe gemäß dem Wort Gottes, sei eng mit dem Herrn verbunden - dann kann er deine finanzielle Situation verbessern. Für Josef hat er es getan – Gott schenkte ihm Wohlstand. Wenn bei Gott nicht das Ansehen der Person zählt – und das tut es nicht – dann bedeutet das, dass du dasselbe haben kannst.

Aber über all das bisher Erwähnte hinaus, bewirkte Gott, dass der Pharao Josef öffentlich Ehre erwies:

„Und er ließ ihn auf dem zweiten Wagen fahren, den er hatte, und man rief vor ihm her: Werft euch nieder! So setzte er ihn über das ganze Land Ägypten." (1. Mose 41:43)

Nach all diesen Ereignissen, wurde Josef der erste Sohn geboren, und er nannte ihn Manasse, zum Zeugnis und zum Gedenken, an all das, was der Herr in seinem Leben getan hatte (1. Mose 41:51).

Lieber Leser, „Manasse" gehört dir. Du musst nicht versuchen, ihn dir zu verdienen. Empfange ihn im Glauben.

> *Denkt nicht an das Frühere, und auf das Vergangene achtet nicht!*
> *Siehe, ich wirke Neues! Jetzt sprosst es auf. Erkennt ihr es nicht? Ja, ich lege durch die Wüste einen Weg, Ströme durch die Einöde*
> **Jesaja, 43:18,19**

Warum möchte Gott nicht, dass Seine Nachfolger am Vergangenen hängenbleiben? Er möchte in deinem Leben etwas Neues bewirken. Gott möchte in deinem Leben Dinge wirken, die dich das Frühere vergessen lassen. Werde bereit, deinen „Manasse" zu empfangen – dein lebendiges Zeugnis für Gottes Gnade, Güte und Treue – und bringe dort Frucht wo du gerade bist.

Kapitel 5
Empfange deinen Ephraim

Und dem Josef wurden zwei Söhne geboren, ehe das Jahr der Hungersnot kam…und dem Zweiten gab er den Namen Ephraim. Denn Gott hat mich fruchtbar gemacht im Land meines Elends.
1.Mose 41:50,52

Im vorigen Kapitel haben wir herausgefunden, was Josef die Geburt seines erstgeborenen Sohnes – Manasse – bedeutet hatte – und was „Manasse" für uns darstellt. In dem obigen Abschnitt erfahren wir von der Geburt seines zweiten Sohnes. Was für ein Zeugnis beinhaltete der Name dieses Sohnes?

Ephraim bedeutet: „Ich werde doppelte Frucht bringen". Fruchtbarkeit im Land des Elends, ist etwas ganz Besonderes. Sie übertrifft alle Erwartungen. Gott führte Josef einen Weg durch viele Prüfungen und leidvoller Erfahrungen, um ihn dazu zu befähigen, schließlich seinen „Ephraim" zu empfangen – Fruchtbarkeit. Wie kann man diesen erlangen? Vielleicht erlebst du gerade jetzt eine Zeit des Leidens – etwas bereitet dir Sorgen oder verursacht dir Schmerzen. Du solltest wissen, was Gottes Wort dazu zu sagen hat.

Vielfältig ist das Unglück des Gerechten,
aber aus dem allen rettet ihn der HERR.
Psalm 34:19

Gott verleugnet die Tatsache nicht, dass der Gerechte vielleicht viel Leid und viele Schwierigkeiten erleben muss, aber er garantiert uns, dass er uns aus all dem befreien wird. Es spielt für Gott keine Rolle, wie schwerwiegend deine Probleme sind oder wie viele du hast, weil er so viel größer ist, als all das, was dich jemals treffen könnte. Auch dann, wenn du niedergeschlagen bist und es für dich keine Rolle mehr spielt, ob deine Probleme jemals gelöst werden, nimmt Gott die Verantwortung auf sich, diese zu beseitigen. Wenn das die Wahrheit ist – und es ist die Wahrheit – stellt sich eine Frage. Warum lässt Gott Leid und Qual im Leben der Menschen zu?

Denn nicht von Herzen demütigt und
betrübt er die Menschenkinder.
Klagelieder 3:33

Mit anderen Worten: Gott freut sich nicht an deinem Leid und er verursacht es auch nicht. Er möchte dich nicht betrüben oder bestrafen. Probleme oder Schwierigkeiten, durch die ein Mensch geht, können die Konsequenzen seiner eigenen falschen Entscheidungen oder das Ergebnis der Fehler der Eltern sein.

Die Toren litten wegen ihres gottlosen
Weges und wegen ihrer Sünden.
Psalm 107:17

Probleme und Schwierigkeiten können auch ein
Angriff des Feindes sein, des Satans, der stehlen,
töten und unser Leben zerstören will. (Johannes
10:10)
Der Herr hat also gar nichts mit dem zu tun, was
uns Probleme, Schwierigkeiten und Leiden
verursacht. Zweifle nicht daran. Vielleicht lässt er
uns durch Leid und Elend gehen, weil wir in
einem Bereich unseres Lebens auf Abwege
geraten sind, aber er kann dieses Leid nutzen,
um uns in positiver Weise zu verändern und
wachsen zu lassen.

Bevor ich gedemütigt wurde irrte ich.
Jetzt aber halte ich dein Wort.
Psalm 119:67

Auf Abwege geraten, bedeutet, Fehler und
Sünden zu begehen, etwas, dass immer zu
falschem Handeln führt. Das kann für die
Menschen in unserem Umfeld sehr gefährlich
sein. Ein Mensch, der auf Abwege gerät, zerstört
nicht nur sich selbst, sondern hat auch einen
negativen Einfluss auf andere. Viele Menschen
leiden emotionalen Schmerz, weil sich ihr
Partner oder ihre Kinder falsch verhalten. So
kann zum Beispiel ein Sohn, der drogenabhängig
ist, eine ganze Familie leiden lassen. Und Josefs
Vater hat ganz sicher furchtbar unter dem
falschen Handeln seiner Söhne gelitten, als sie

Josef in die Sklaverei verkauften, aber dem Vater erzählten, er sei von einem wilden Tier getötet worden. (1. Mose 37:31-34).

Das Leid aber kann den Prozess der Selbstzerstörung aufhalten und einen Menschen von seinen falschen Wegen abbringen. Menschen können beginnen, Gott für das Leid ihrer Vergangenheit zu danken, denn oft hat gerade dieses Leid sie dazu gebracht, Jesus als den lebendigen Gott und ihren Erlöser kennen zu lernen. Oder es half ihnen dabei, im Glauben wachsen und zu reifen oder auch dabei, ihren „Manasse" oder „Ephraim" zu empfangen. Die Geschichte Josefs, ist ein Beweis dafür, wie Gott das Leiden dazu nutzt, damit Sein Plan erfüllt wird und wir uns zum Positiven verändern.

> *Und nun seid nicht bekümmert, und werdet nicht zornig auf euch selbst, dass ihr mich hierher verkauft habt! Denn zur Erhaltung des Lebens hat Gott mich vor euch hergesandt.*
> *Denn schon zwei Jahre ist die Hungersnot im Land, und es dauert noch fünf Jahre, dass es kein Pflügen und Ernten gibt. Doch Gott hat mich vor euch hergesandt, um euch einen Rest zu setzen auf Erden und euch am Leben zu erhalten für eine große Rettung.*
> *1.Mose 45:5-7*

Als sich Josef schließlich seinen Brüdern offenbarte, sagte er, dass sie keine Vergeltung fürchten müssen, für das, was sie ihm angetan hatten, denn Gott stand hinter all dem, nicht sie.

Training für „Ephraim"

Ein weiterer Grund dafür, dass ein Mensch leiden muss, findet sich in den Psalmen.

> *Ich habe erkannt, HERR, dass deine Gerichte Gerechtigkeit sind und dass du mich in Treue gedemütigt hast.*
> **Psalm 119:75**

Manche Gläubige sind Stümper der Wahrheiten Gottes. Sie sagen, Gott sei die Liebe – was auch die Wahrheit ist – behaupten aber, dass Gott deshalb niemanden bestrafe. Diese Behauptung widerspricht jedoch dem Wort Gottes, und sie zeigt mangelndes Wissen und Verständnis der Absichten Gottes.

> *Denn wen der Herr liebt, den züchtigt er; er schlägt aber jeden Sohn, den er aufnimmt."*
> **Hebräer 12:6**

Gott bestraft seine Kinder nicht, aber er züchtigt sie in einer Weise, in der ein liebender Vater sein Kind zurechtweist.

> *Trotzdem werdet ihr schon mutlos. Ihr habt wohl vergessen, was Gott euch als*

*seinen Kindern sagt: "Mein Sohn, wenn
der Herr dich zurechtweist, dann sei nicht
entrüstet, sondern nimm es an,
denn darin zeigt sich seine Liebe. Wie ein
Vater seinen Sohn erzieht, den er liebt, so
schlägt der Herr jeden, den er als sein
Kind annimmt."
Wenn ihr also leiden müsst, dann will
Gott euch erziehen. Er behandelt euch als
seine Kinder. Welcher Sohn wird von
seinem Vater nicht streng erzogen und
auch einmal bestraft?
Viel schlimmer wäre es, wenn Gott
anders mit euch uminge. Dann nämlich
wärt ihr gar nicht seine rechtmäßigen
Kinder.*
Hebräer 12:5-8 (Hoffnung für alle)

David sprach davon als er sagte:
„Ich habe erkannt, HERR, dass deine Gerichte
Gerechtigkeit sind und dass du mich in Treue
gedemütigt hast.
Lass doch deine Gnade mir zum Trost sein nach
deiner Zusage an deinen Knecht!" (Psalm 119:75-
76)

Manchmal lässt Gott es zu, dass wir durch
Prüfungen gehen, damit wir vor Ihm gerecht
bleiben (sittlich, tadellos, rechtschaffen), und
damit sich Sein Wille in unserem Leben erfüllen
kann. Gott lehrt uns durch Leiden.

*Es war gut für mich, dass ich gedemütigt
wurde, damit ich deine Ordnungen
lernte.*
Psalm 119:71

Die Gute Nachricht-Bibel drückt es so aus: „Für
mich war's gut, dass ich durchs Leiden musste,
um mich auf deine Weisung zu besinnen."

Viele Menschen mögen diese Textstellen nicht
besonders. Niemand leidet gern. Trotzdem gibt
es Segnungen, die uns nur durch Prüfungen
zuteil werden können.

*Und er wird sitzen und das Silber
schmelzen und reinigen, und er wird die
Söhne Levi reinigen und sie läutern wie
Gold und wie Silber, so dass sie Männer
werden, die dem HERRN Opfergaben in
Gerechtigkeit darbringen.*
Maleachi 3:3

Von wem spricht der Herr, wenn er von Leviten
(Söhnen Levi) spricht? Sie sind Anbeter und
Priester des Bundes. Lieber Leser, wir sind diese
Menschen. Die Bibel nennt uns (die wir
wiedergeboren sind) Könige und Priester
(Offenbarung 1:6). Gott ist daran gelegen, uns zu
reinigen und zu heiligen, denn nur so können wir
ihm ein „rechtschaffenes Opfer" und „ein
Lobpreisopfer, ein Gebetsopfer, Opfer geheiligter
Liebe …." darbringen.
Der Herr ist heilig und gerecht, aber die Hände
eines jeden von uns sind befleckt durch die

Sünde. Mit solchen Händen können wir dem
Herrn keine Opfer darbringen. Deshalb müssen
wir wie Silber und Gold gereinigt werden.
Dieses wird im Feuer geläutert, um es schön,
wertvoll und unbezahlbar zu machen. Gott
möchte, dass wir wie wertvolle Edelsteine
werden. (sh. Sacharja 9:16) Aber das ist nur dann
möglich, wenn wir durch den Prozess der
„Läuterung" gegangen sind.

Das fruchtbare Land

Dann wird die Opfergabe Judas und
Jerusalems dem HERRN angenehm sein,
wie in den Tagen der Vorzeit und wie in
den Jahren der Vergangenheit.
Maleachi 3.4

Irgendwann in seinem Leben begann Josef, in
gerade den Bereichen viel Frucht zu bringen, in
denen er am meisten gelitten hatte. Dasselbe
kann heute auch mit uns geschehen. Klingt das
für dich unmöglich? Gott weiß, wie man das Land
des Leidens und der Qual in fruchtbares Land
verwandelt.
Der Apostel Jakobus hat das verstanden und
schrieb:
„Haltet es für lauter Freude, meine Brüder, wenn
ihr in mancherlei Versuchungen geratet",
(Jakobus 1:2). Ich glaube, Jakobus wusste, dass
„Ephraim" (oder die Fruchtbarkeit) nur im Land
des Leidens geboren werden konnte. Ich

ermutige euch, mit derselben Voraussicht auf Leid, Bedrängnis und Schmerz zu schauen.
Ein Mensch der die Dinge so betrachtet wird zur rechten Zeit

- auf eine Position emporgehoben werden, die der Herr für ihn vorbereitet hat
- ein Segen für seine Verwandten sein können (so wie es auch bei Josef war)
- seine Verwandten und Freunde zu Jesus führen können, so dass diese errettet werden

Worin bestand Josefs spezielle Fruchtbarkeit?

1. *Josef erfuhr Anerkennung für seine frühere Unterdrückung und Schande.* Leid kann dir dabei helfen, deine Berufung zu finden und dir den Respekt der Menschen verschaffen.

2. *Josef wurde zu einem Gefäß der Gnade Gottes.*
   Leiden wird dich an einen Punkt bringen, an dem Sein Geschenk der Gnade beginnen wird, sich durch dich zu offenbaren.

3. *Josef empfing ein Geschenk der Weisheit.*

   Und zu Josef sagte der Pharao: Nachdem dich Gott dies alles hat erkennen lassen, ist keiner so verständig und weise wie du.
   1.Mose 41:39

Prüfungen sind für uns eine gute Schule,
in der wir Einsicht und Weisheit erlangen.

4. *Gott erhöhte Josef.*

**Du sollst über mein Haus sein, und
deinem Mund soll mein ganzes Volk sich
fügen; nur um den Thron will ich größer
sein als du.
1.Mose 41:40**

Der Herr öffnete vor ihm die Tür, zu einer
neuen, unglaublichen Ebene, etwas, dass
kein Mensch durch eigenes Bemühen
erreichen kann.

5. *Der nächste Segen, den Gott Josef gab,
war Macht*

**Und er ließ ihn auf dem zweiten Wagen
fahren, den er hatte, und man rief vor
ihm her: Werft euch nieder! So setzte er
ihn über das ganze Land Ägypten.
Und der Pharao sprach zu Josef: Ich bin
der Pharao, aber ohne dich soll kein
Mensch im ganzen Land Ägypten seine
Hand oder seinen Fuß erheben!
1.Mose 41:34,44**

Gott selbst sorgte dafür, dass Josef weiterkam. Er
schenkte ihm eine hohe Stellung in der
Gesellschaft. Jeder Mensch kann mit Gottes Hilfe
ein in hohem Maße fruchtbares Leben erlangen.

Damit das geschehen kann, müssen wir vielleicht jedoch durch verschiedenes Leid gehen, da wir ansonsten nicht übernatürlich wachsen können. Ich habe dieses Buch geschrieben, weil es mein Wunsch ist, dass viele Menschen, ihr Leid und ihre Trauer, so sehen können, wie Gott sie sieht. Egal durch was du gehst, vergiss niemals, dass Er stark ist und die Macht hat, alle Bitterkeit und alle Sorgen deines Lebens, in einen enormen Segen zu verwandeln.

Kapitel 6
Du kannst über die Zerstörung lachen

Der Prophet Maleachi warnte uns schon vor langer Zeit, vor den kommenden Tagen, an denen „ihr wieder den Unterschied sehen werdet zwischen dem Gerechten und dem Ungerechten, zwischen dem, der Gott dient, und dem, der ihm nicht dient" (Maleachi 3:18). Gerade wir sind damit gesegnet, in einer Zeit leben zu dürfen, in der die Kirche dieser letzten Tage, ihre herrschende Stellung einnehmen wird.
Und darüber hinaus ist jeder einzelne von uns (der wiedergeborener Christ ist) ein Teil dieser Verwandlung.
Die Zeit ist gekommen, in der die Schönheit Gottes durch uns scheinen und über uns erstrahlen sollte. Sie sollte uns von Ungläubigen unterscheiden. Sobald wir auf der Straße erscheinen, sollten die Leute, ohne es zu merken, ihre Augen nicht mehr von uns lassen können. Wohin wir auch gehen, sollten die Leute uns anhalten und fragen: „Wer bist du? Wer hat dir diese Autorität gegeben, die du ausstrahlst?"

Die Zeit ist gekommen, in der es einen wesentlichen sichtbaren Unterschied gibt, zwischen denen, die Gott dienen und denen, die es nicht tun. Wie groß dieser Unterschied ist hängt davon ab, wie tief wir Gott kennen und wie viel des Lichtes seiner Liebe und seiner Salbung, in unsere Seelen ausgegossen wird. Wenn wir wiedergeboren werden, dann beginnen wir, die Bibel anders zu lesen. Wir sehen sie dann nicht mehr als ein Märchenbuch an.

Wir streben danach, sie in der Tiefe zu verstehen und eine tiefgründige Erkenntnis über Gott zu gewinnen. Auf diese Weise werden wir mehr und mehr in Sein Ebenbild verwandelt. Die Schönheit Zions wird in uns sichtbar, weil wir in Gottes Offenbarungen wandeln – den Wahrheiten Seines Wortes.

Lieber Leser, du kannst auf eine solche Ebene der Erkenntnis Gottes gelangen, dass dir Böses jeder Art völlig fremd werden wird. Du wirst von bösen Dingen hören, aber so wie Hiob 5:19 sagt: „Das Böse wird dich nicht antasten."

Der Glaube und die Gnade Gottes können so viel Raum in dir einnehmen und dir so viel Kraft geben, dass all die Probleme dieses Lebens, alle Schwierigkeiten und Unannehmlichkeiten es nicht schaffen werden, dich von deinem Weg abzubringen.

So wie der Apostel Petrus, wirst du in der Lage sein, auf dem Wasser zu gehen. So kannst du beginnen, über den momentanen irdischen Umständen zu stehen, die nicht im Sinne Gottes sind.

Der Herr offenbart die Erkenntnis über sein Wort denen, die Ihn suchen und aufgrund dieser Erkenntnis, kann jeder, der Sein Wort annimmt und daran glaubt, über die Zerstörung lachen und den Lebensstil eines Siegers entwickeln. Indem du das Wort Gottes in dir aufnimmst, baust du eine Festung auf, die dich vor dem Bösen schützt. Die Schrift sagt, dass Gottes Wort ein Schild und eine Festung ist, die dich vor jeglichen Pfeilen (Angriffen, Verwundungen) des Feindes schützt und dir als Zuflucht vor allen Problemen dient.

Wir müssen daran denken, dass es nicht genug ist, das Wort Gottes einfach nur zu lesen und auswendig zu lernen. Schriftstellen werden in unserem Leben nicht wirksam werden, bevor wir damit beginnen, sie gründlich zu studieren und täglich über sie nachzusinnen. Erst wenn wir das getan haben, können wir uns voller Zuversicht, Könige und Priester, Gottes auserwähltes Volk nennen. (sh. Offenbarung 1:6)

> *Denn ich schäme mich des Evangeliums nicht, ist es doch Gottes Kraft zum Heil jedem Glaubenden, sowohl dem Juden zuerst als auch dem Griechen.*
> *Denn Gottes Gerechtigkeit wird darin offenbart aus Glauben zu Glauben, wie geschrieben steht: "Der Gerechte aber wird aus Glauben leben."*
> **Römer 1:16,17**

Wenn uns Gottes Wort nicht offenbar wird oder uns nicht auf eine neue Ebene des Glaubens emporhebt, dann bringen wir uns um die Möglichkeit, eine mächtige geistliche Waffe zu gebrauchen und geben unser Recht auf, im Leben mit Christus zu regieren (Römer 5:17).

Die geistliche Realität, in der Elia, Moses, Elisha, Deborah und andere gottesfürchtige Männer und Frauen der Bibel lebten, und die Kraft und Autorität, von der ihr Leben erfüllt war – ist dieselbe Realität und Autorität, in der auch Jesus gelebt hat. Und auch wir können heute darin leben. Für einen Menschen jedoch, der die Bibel nur wie gewöhnliche Literatur behandelt, wird sie nicht zugänglich sein. Man kann den Vers aus dem Buch Hiob bewundern, den wir uns schon früher angesehen haben:

> *In sechs Nöten wird er dich retten, und in*
> *sieben wird dich nichts Böses antasten.*
> **Hiob 5:19**

Aber nur Bewunderung allein garantiert keinen persönlichen Schutz vor Gesetzlosigkeit und Gewalt. Einen Menschen, der das Wort nur bewundert, wird das Böse sehr wahrscheinlich antasten, so wie es auch bei Ungläubigen geschieht.
Du hast ein Recht zu fragen: „Warum wird das Wort Gottes nicht im Leben eines solchen Menschen wirksam, wo doch geschrieben steht: „Das Gras ist verdorrt, die Blume ist verwelkt. Aber das Wort unseres Gottes besteht in Ewigkeit". (Jesaja 40:8) Gottes Wort ist wahr und „steht fest im Himmel" (Psalm 119:89)
Es kann im Leben eines Menschen, der die Bibel mit derselben Haltung liest mit der man ein gutes Buch liest, nicht wirksam werden. Gottes Wort muss nicht nur gelesen, sondern auch im Glauben empfangen werden. Wenn du das tust,

dann wirst du erleben, wie sich alle Verheißungen Gottes in deinem Leben erfüllen. Dann wirst du in Sicherheit leben. Es ist sehr wichtig, dass du dein Bestes gibst und dir so viel Zeit wie möglich nimmst, um über das Wort nachzusinnen, denn auf diese Weise wird dir gelingen, was du auch immer tun wirst.

Stelle dir einmal vor, du weißt nicht, wo dein Sohn oder deine Tochter sich aufhalten oder mit wem sie sich herumtreiben. Vielleicht hast du ein Kind, das von zu Hause davongelaufen ist und dessen Freunde zwielichtige, unangenehme Personen sind. Du könntest über den Vers aus Hiob 5:19 nachsinnen:
„In sechs Nöten wird er dich retten, und in sieben wird dich nichts Böses antasten". Sprich diese Worte über das Leben deines Kindes aus und glaube, dass das Wort Gottes, es beschützen und vor jeglichen Gefahren verteidigen wird. Dann wird dein Kind wirklich unter dem Schutzmantel Gottes sein.

Während du über Schriftstellen nachsinnst, ist auch das Auswendig lernen nicht weniger wichtig, jedoch nur, wenn du das Gelernte im Glauben annimmst. Vergiss niemals, dass der Glaube wie eine Hand ist, die den Segen aus der geistlichen Welt in die physische Welt hinüberträgt.
Lass dich so sehr mit Gottes Wort erfüllen, dass es zu einem Teil von dir wird, und nimm es im Glauben an. Dann wird es anfangen, in deinem Leben wirksam zu werden. Du wirst in

großartiger Weise profitieren, wenn du Gottes Wort nicht nur mit dem Verstand, sondern auch mit deinem Herzen annimmst. Ich fordere dich dazu heraus, die Bibel von heute an in einer neuen Weise zu studieren.

Der Schlüssel, mit dem man Probleme lösen kann

Bestimmt weißt du, dass Gott jede Situation, jedes Ereignis deines Lebens im voraus sieht. Wirtschaftliche Krisen, finanzielle Probleme oder jede andere Art negativer Umstände, kommen für Ihn nicht überraschend, denn der Herr verspricht einem jeden von uns:

> *In Hungersnot kauft er dich los vom Tod und im Krieg von der Gewalt des Schwertes.*
> **Hiob 5:20**

In Gottes Wort liegen die Schlüssel verborgen, mit denen man Probleme jeder Art lösen kann. Du weißt nicht, wie du Armut, Angst oder Depressionen überwinden kannst? Du weißt nicht, wie du geheilt und wieder gesund werden kannst? Du weißt nicht, wie du deine Rechnungen und Schulden bezahlen kannst, weil du kein Gehalt und auch keine Rente beziehst? Du wirst Antworten auf diese und andere quälende Fragen in der Bibel finden. Lass dich erfüllen mit den Erkenntnissen Gottes, und du wirst niemals ein unlösbares Problem haben.

Ich war jung und bin auch alt geworden, doch nie sah ich einen Gerechten verlassen, noch seine Nachkommen um Brot betteln;
Psalm 37:25

Dank des Opfertodes Jesu Christi am Kreuz bist du vor Gott gerecht geworden. Deshalb hat der Herr die Verantwortung auf sich genommen, dich niemals zu verlassen. Diesem Vers zufolge, werden deine Bedürfnisse immer befriedigt, und deine Nachkommen werden niemals um Brot betteln. Hier ist noch etwas anderes, das Gottes Wort über dich aussagt.

Alle Tage ist er gütig und leiht, und seine Nachkommen werden zum Segen.
Psalm 37:26

Selbst wenn Not und Armut die ganze Erde bedecken würde, würde es den Gerechten an nichts mangeln, denn wir leben gemäß dem Wort Gottes und gefallen dem Herrn in allem was wir tun.

Geben ist unsere Lebenseinstellung. Auf diese Weise wird ein geistliches Prinzip wirksam.

Da ist einer, der ausstreut, und er bekommt immer mehr, und einer, der mehr spart, als recht ist, und es gereicht ihm nur zum Mangel.

*Wer gern wohltut, wird reichlich
gesättigt, und wer andere tränkt, wird
auch selbst getränkt.*
Sprüche 11:24,25

*Wer über den Geringen sich erbarmt,
leiht dem HERRN, und seine Wohltat
wird er ihm vergelten.*
Sprüche 19:17

Mit anderen Worten bedeutet das: Gehorche dem Wort des Herrn, so wird er es dir immer vergelten.

Vor vielen Jahren ging unsere Gemeinde durch eine finanzielle Krise. Wir konnten die Miete für die Halle nicht mehr bezahlen, in der unsere Gottesdienste stattfanden. Ich sprach mit niemandem über diese Not außer mit dem Herrn. Ich betete, glaubte Gottes Zusagen und wusste, dass mein Problem kein Problem für Ihn ist. Dann forderte Gott eine Dame der Gemeinde auf, uns mit 3000 $ zu segnen. Nach einer gewissen Zeit „säte" sie weitere 5000 $. Einige Zeit später starb ihr Mann und sie geriet selbst in Not. Sie benötigte Geld für das Studium ihrer Tochter. Gott kam rechtzeitig um ihr zu helfen. Sie hatte großzügig gesägt und sie erntete rechtzeitig. Der Herr stand treu zu Seiner Verheißung. Als ich diese Wahrheit erkannte, entschied ich mich, Geben zu meinem Lebensstil zu machen.

Wenn ich morgens das Haus verlasse, frage ich mich selbst: „Was kann ich heute säen, wen kann ich segnen?" Das zu tun, ist ein Teil meines

Lebens geworden, und eine Garantie dafür, dass mir niemals etwas mangeln wird.

Vielleicht sagst du, dass du nicht genügend Glauben hast um so zu leben. Wenn du aber einmal darüber nachdenkst, was hast du für eine Alternative? Sehr wahrscheinlich wirst du dein letztes Geld fürs Essen ausgeben, was bedeutet, dass du den Samen, den du dir zurückgelegt hast, um zu säen „essen" würdest. Dann wärest du nicht mehr in der Lage, eine gute Ernte einzubringen, weil du nichts mehr übrig hast. In diesem Fall könnte man das Sprichwort „Man erntet was man sät" umformulieren in „man erntet nicht was man nicht gesät hat". Kannst du erkennen, warum es für einen Menschen, der niemals sät, keinen Sinn macht auf Segnungen zu warten?

Säen und Ernten sind wie das Atmen – es ist unmöglich, das eine ohne das andere zu tun. Ist es nicht unmöglich, immer nur einzuatmen, aber niemals auszuatmen? Sogar die Natur ist so geschaffen: Wer nimmt muss auch geben.

Mach das Geben zu deinem Lebensstil. Bringe dir selbst bei zu säen, selbst dann wenn du es nicht möchtest. Mach den Menschen Geschenke, „leihe" Gott etwas – es gibt so viele Möglichkeiten, das Geben zu praktizieren. Dann wird man über dich sagen:

Ich war jung und bin auch alt geworden, doch nie sah ich einen Gerechten verlassen, noch seine Nachkommen um Brot betteln; alle Tage ist er gütig und

leiht, und seine Nachkommen werden
zum Segen.
Psalm 37:25,26

Du kannst an diesem Vers sehen, dass der Herr
für dich sorgen wird, wenn du bereit bist zu
geben. Vielleicht bist du noch immer nicht davon
überzeugt, aber während du immer wieder das
Wort Gottes liest, wird die Wahrheit Gottes
beginnen, sich dir zu offenbaren.

Bleibe kühn und standhaft im Glauben

Du fürchtest dich nicht vor dem
Schrecken der Nacht, vor dem Pfeil, der
am Tag fliegt,
vor der Pest, die im Finstern umgeht, vor
der Seuche, die am Mittag verwüstet.
Tausend fallen an deiner Seite,
zehntausend an deiner Rechten - dich
erreicht es nicht.
Psalm 91:5-7

Ein bekannter Diener Gottes, den ich selbst auch
gut kenne, kann bezeugen, wie wahr diese Verse
sind. Er hat darüber Zeugnis gegeben, wie eines
Nachts vier bewaffnete Männer in sein Haus
eindrangen. Seine Frau begann zu beten, aber er
selbst war so bestürzt, dass er nicht wusste, was
er tun sollte. Plötzlich erinnerte ihn der Heilige
Geist in seinem Herzen an die Worte der Bibel:
„Es wird nicht geschehen oder sich erfüllen". Das
ermutige den Diener Gottes so sehr, dass er zur

Tür ging und die Einbrecher fragte: „Was wollen Sie in meinem Haus?" Sie sagten zu ihm, dass sie gekommen seien um ihn und seine ganze Familie zu töten. Aber aus irgendeinem Grund gaben sie ihm noch eine Chance. „Wenn du willst dass deine Familie weiterlebt, dann komme alleine heraus und wir bringen nur dich um." Der Prediger hörte zu und sagte dann: „Warten Sie eine Minute. Wenn die Erde sich nicht unter euch auftut und euch verschlingt, dann bin ich kein Mann Gottes. Dann werde ich wieder herauskommen und ihr könnt mit mir machen was ihr wollt." In seinem Herzen kannte er das Wort und er wusste, dass seine Furchtlosigkeit, für sie ein Zeichen dafür sein musste, dass sie umkommen würden.

Nachdem die Minute vergangen war, ging der Diener Gottes zur Tür zurück, um nachzusehen, ob sie noch immer am leben waren. Die Mörder bekamen es mit der Angst zu tun und liefen in Panik davon. Dieser Diener Gottes stand fest im Wort, und Gott schenkte ihm ein Wunder. Lieber Leser, wenn du kühn und standhaft im Glauben bist, kann Gott deinen Gegnern Furcht ins Herz legen, so dass sie dich in Ruhe lassen.

Einen weiteren Beweis für die Gültigkeit des Wortes Gottes kann man in der folgenden Geschichte finden. Ein junger Christ wurde eines Nachts von Räubern überfallen. Sie hatten ein Gewehr bei sich und forderten ihn auf, ihnen sein ganzes Geld und seinen Schmuck zu geben. Als er ihnen antwortete, dass er nichts bei sich habe, bedrohten die Räuber ihn und entschieden dann, ihn umzubringen. Im selben Moment, in dem einer der Räuber abdrücken wollte, erinnerte sich der Gläubige an das Wort Gottes und rief: „Der Herr ist meine Festung!" Als der Räuber den Schuss abfeuerte, lief statt einer Kugel Wasser aus dem Gewehrlauf. Gott hatte ein Wunder getan. Der junge Mann hatte sich an das Wort erinnert, glaubte daran, und sein Glaube entlud das Gewehr.

Glaube dem Herrn und Er wird sich in deinem Leben, deiner Familie und deinem Dienst verherrlichen. Vertraue immer auf Ihn und du wirst dich niemals wegen irgendetwas sorgen müssen.

Verherrlicht und erhöht

> *Vor der Geißel der Zunge wirst du geborgen sein, und du wirst dich nicht fürchten vor der Verwüstung, wenn sie kommt.*
> **Hiob 5:21**

Eine menschliche Zunge kann schneller zuschlagen als eine Waffe und demjenigen, auf den sie es abgesehen hat, einen noch größeren Schaden zufügen.

Die „Geißel der Zunge", von der in diesem Vers die Rede ist, bezieht sich auf Tratsch, Lügen, Beleidigungen und alle Arten der üblen Nachrede. Sie fügt Menschen großen Schaden zu und verursacht großen Schmerz. Gott aber verspricht, uns vor diesen Dingen zu schützen.

Und darüber hinaus ist der Herr stark und kann all das zu unserem Besten dienen lassen.

> *Glückselig seid ihr, wenn sie euch schmähen und verfolgen und alles Böse lügnerisch gegen euch reden werden um meinetwillen.*
> *Freut euch und jubelt, denn euer Lohn ist groß in den Himmeln; denn ebenso haben sie die Propheten verfolgt, die vor euch waren.*
> **Matthäus 5:11,12**

Ich glaube allen Verheißungen Gottes, aber oft sinne ich über diese Verheißung und über jene in Hiob 5:21 nach. Auf diese Weise lasse ich sie in meinem Leben wirksam werden. Ein Beispiel. 1999 besuchte ich Georgien. Schon bevor ich jemals dort gewesen war, hatten religiöse orthodoxe Landesbehörden ihr Bestes versucht, meine evangelistischen Versammlungen zu verhindern. Sie hatten einige einheimische Kämpfer bereitgestellt, die auf mein Eintreffen warteten, um einen Anschlag auf mich auszuüben und mich umzubringen. Aber der Herr rettete auf wunderbare Weise mein Leben, indem er verhinderte, dass ich diesen Leuten begegnete.
Bei einer anderen Gelegenheit vor einigen Jahren schrieben einige Zeitungen viele negative Artikel über unsere Gemeinde und über mich. Die meisten dieser Artikel waren verleumderisch und es machte mich traurig, sie zu lesen. Ich konnte nicht verstehen, wie man solche Unwahrheiten

über uns schreiben konnte. Sie beschuldigten mich Sünden aller Art, so wie die Welt sie kennt. Bei einer ihrer haltlosen Anschuldigungen, ging es um einen Nigerianer, der fast totgeschlagen worden war. Aus irgendeinem Grund waren diese Aufhetzer sich sicher, dass ich diese schreckliche Tat begangen hatte, und mein Name wurde erwähnt. Mir tat das sehr weh und ich fühlte mich sehr verletzlich, obwohl man mir nach außen hin nichts anmerkte.

Diese falschen Anschuldigungen haben mich wirklich sehr erschüttert. In dieser schweren Zeit hörte ich in meinem Geist, wie der Herr mich fragte: „Warum liest du diese Zeitungen? Indem du das tust erlaubst du dem Satan, dich anzugreifen. Auf diese Weise öffnest du die Tür für weitere verleumderische Dinge, die über dich geschrieben werden." Lieber Leser, wenn der Teufel herausfindet, wo deine wunden Punkte sind, dann wird er beginnen, noch härter darauf einzuschlagen.

Der Herr sagte zu mir, dass ich solche Artikel nicht mehr lesen und nicht mehr darauf reagieren soll.

Am selben Tag kam ich jedoch in die Gemeinde, und man gab mir einige der Zeitungen, die diese Artikel enthielten. Ich gehorchte Gott nicht. Stattdessen begann ich, sie noch einmal zu lesen. Natürlich erschütterten sie mich. Gottes Wort konnte mich vor den „Peitschenhieben der Zunge" nicht bewahren, weil ich von der Verheißung in Matthäus 5:12 zwar wusste, ihr jedoch nicht vertraute. Ich hätte all diese

Verleumdung mit Freude annehmen und dabei fest daran glauben sollen, dass Gott mich verteidigen und rechtfertigen würde.

Schließlich entschied ich mich dann, dem Rat des Herrn zu folgen und hörte auf, die Zeitungen zu lesen. So musste ich mich nicht mehr länger schlecht fühlen. Ein halbes Jahr später erlosch das Interesse eben dieser Journalisten an mir und der Gemeinde, und ihre verleumderischen Artikel verschwanden allmählich von den Seiten der Zeitungen. Es wurde sogar der wahre Täter, der den Nigerianer zusammengeschlagen hatte, gefasst. Der Herr griff in jede Situation erst dann ein, als ich mich beruhigt hatte und dabei auf Gott vertraute und ihm schon im voraus dafür dankte, dass er meine Probleme lösen würde. Meine Feinde hatten versucht, mich zu zerstören, aber der Herr war auf meiner Seite. Trotz allem, was die Hölle geplant hatte, konnte ich den Sieg über die Zerstörung davontragen. Dann wenn man Verleumdungen und Skandale mit Freude annimmt, entwaffnet man den Feind. Darin liegt die Kraft des Wortes Gottes. Der Herr kann Skandale, Unterdrückung und Verfolgung in unserem Leben dazu nutzen, um uns zu erhöhen und auf eine neue Ebene emporzuheben. Er sagt in seinem Wort:

„Wahrlich, ich sage euch: Da ist niemand, der Haus oder Brüder oder Schwestern oder Mutter oder Vater oder Kinder oder Äcker verlassen hat um

meinetwillen und um des Evangeliums willen,
der nicht hundertfach empfängt, jetzt in dieser Zeit Häuser und Brüder und Schwestern und Mütter und Kinder und Äcker unter Verfolgungen - und in dem kommenden Zeitalter ewiges Leben."
Markus 10:29,30

Lieber Leser, wenn du um des Herrn Willen etwas geopfert hast, dann sei dir sicher, dass Er es dir ganz bestimmt zurückerstatten wird. Zunächst musst du vielleicht durch eine Zeit der Verfolgung gehen. Aber Gott schätzt opferbereite Menschen. Deshalb kannst du erwarten, dass du viel mehr ernten wirst als du gesät hast.

Die Belohnung wird folgen

Bist du jemals durch Zeiten besonderer Probleme und Schwierigkeiten gegangen? Ich habe das viele Male erlebt, als ein Problem das andere nach sich zu ziehen schien. Es verging kein Tag an dem ich mich nicht fragte, aus welcher Richtung die nächste „Überraschung" auf mich zukommen würde. Ich erinnere mich an eine besondere Situation. Meine Frau Bose hatte Komplikationen während der Schwangerschaft, als Beauftragte des staatlichen Machtgefüges, meinen Pass beschlagnahmten und andere einen Mordanschlag auf mich verübten. Zu dieser Zeit wurde mein erster Sohn Perez geboren, und nach all diesem Leid und all dieser Unterdrückung begann Gott, uns immer mehr zu segnen.

Wir hatten damals ein Zweizimmer-Appartement gemietet, benötigten jedoch eine größere Wohnung, die uns gehörte. Ich besaß nicht das Geld, um eine geräumigere Wohnung zu kaufen. Schon zu Beginn meines Dienstes hatte ich die Entscheidung getroffen, nicht das Geld der Gemeinde zu gebrauchen um damit persönliche Probleme zu lösen. Gott berührte dann das Herz eines Amerikaners, der bei uns wohnte. Er segnete mich mit einer bestimmten Summe Geld, die es mir ermöglichte, eine komfortable Vierzimmerwohnung zu kaufen. Anschließend segnete Gott mich mit einem guten Auto. Nimm Verfolgungen und Probleme mit Freude an, denn die Belohnung wird folgen – und das kann hundertfältig sein – nicht nur finanziell, sondern auch in Form von Heilung, Sicherheit und Schutz.

> *Tausend fallen an deiner Seite,*
> *zehntausend an deiner Rechten - dich*
> *erreicht es nicht.*
> **Psalm 91.:7**

Du solltest diesen Vers kennen und ihn dir anziehen wie eine geistliche Waffenrüstung – im Glauben. (Sh. Epheser 6:11,13) Gottes Wort ist wahr und dient dir als eine mächtige Festung und als ein Schutzschild.

Kürzlich hörte ich das Zeugnis einer sechzigjährigen Frau, die genau das bestätigen kann. Sie lebte allein, und eines Nachts brachen mehrere Drogenabhängige in ihre Wohnung ein, auf der Suche nach Geld. Weißt du, wie sie ihnen begegnet ist? Sie sagte: „Seid willkommen! Ich habe mich auf euch gefreut!"

Stell dir das vor. Eine ältere Frau, die nachts ganz allein war, fürchtete sich nicht vor vier Männern, die bereit waren alles zu tun um ihr Geld zu stehlen. Dennoch lachte sie über die Zerstörung. Sie erkundigte sich sogar, ob die Männer eine Tasse Kaffee oder Tee haben wollten. Die Frau glaubte Gott und Seinem Wort und hielt an ihrem Vertrauen auf Ihn fest. Sie sagte: „Ihr seid zu mir gekommen um die Erlösung des Herrn zu empfangen". Die nächtlichen „Gäste" waren perplex. Aber die Kraft Gottes war in dieser Wohnung präsent, so dass sie keine Wahl hatten. Sie taten Buße und nahmen Jesus als ihren Herrn und Erlöser an. Woher weiß ich, dass das wirklich geschehen ist? Mir wurde diese Geschichte von einem der vier Männer erzählt.

Über Verwüstung und Hunger wirst du lachen, und vor dem Raubwild der Erde wirst du dich nicht fürchten. Denn dein Bund wird mit den Steinen des Feldes sein, und das Raubwild des Feldes wird Frieden mit dir haben
Hiob 5:22,23

Diese Bibelstelle lehrt uns, nicht Menschen, Tiere, Naturkatastrophen oder etwas anderes zu fürchten. Der Herr sagt, dass wir uns nicht zu fürchten brauchen. Er wird uns mit all dem versöhnen. Zum Beispiel hatte ich noch bis vor kurzem Angst vor dem Fliegen. Nun vertraue ich dem Herrn und glaube Seinem Wort, denn ich weiß, dass Seine Engel jede Situation in meinem Leben in der Hand haben. Das hier ist ein weiteres Beispiel dafür.

Eine sehr interessante Geschichte ereignete sich vor einigen Jahren, als einer meiner Freunde über Afrika flog. Als das Benzin ausging, wurde es unmöglich, das Flugzeug zu führen und es begann abzustürzen. Die Passagiere gerieten in Panik, so auch mein Freund, und er begann zu beten. Plötzlich dämmerte es ihm, dass er sich in dieser Situation so verhalten musste, wie es sein Pastor getan hätte. Er beruhigte sich und begann, Gottes Verheißungen und Seinen Schutz über sein Leben auszusprechen.
Das Flugzeug stürzte in den Atlantik und von 150 Passagieren, die an Bord waren, kamen 50 ums Leben, 45 wurden verletzt, vier erlitten Verbrennungen. Nur mein Freund überlebte, ohne einen Kratzer. Er erzählte mir, dass ihn nach dem Absturz eine unsichtbare Kraft aus dem Flugzeugwrack hob und ihn an die Küste warf. Wenn du auf den Herrn vertraust, dann erlaubst du Seinen Engeln, dir zu dienen und dir in Zeiten der Not zu Hilfe zu kommen.

Eine ähnliche Geschichte habe auch ich erlebt. Ich war auf dem Nachhauseweg von Donetsk, Ukraine, wo ich gepredigt hatte. Die Fahrt war sehr lang, und ich schlief am Steuer ein. Ganz plötzlich hörte ich ein furchtbares Kreischen der Leute, die mit mir im Auto saßen. Ich öffnete die Augen und sah, wie mein Auto in einen Graben flog. In diesem Moment wurde mir bewusst, dass keine Zeit mehr zum Beten war, denn wir waren in Lebensgefahr. Sofort stellte ich mir Jesus vor meinem inneren Auge vor. Ich wusste, dass es reichte, Seinen Namen auszusprechen, damit Er die Situation unter Kontrolle behielt, so schrie ich: „Jesus!" Auf einmal legte sich eine unsichtbare Hand um unser Auto und schob es vorsichtig auf den Boden zurück, so dass es nicht umkippen konnte. Der Herr war nicht zu spät gekommen, um uns zu helfen. Er rettete uns auf wunderbare Weise.

Heute bin ich dem Herrn sehr dankbar, für all die Prüfungen, durch die ich gegangen bin, denn sie haben mir geholfen, noch vertrauter mit Gott zu werden und eine noch tiefere Beziehung zu Ihm zu haben.

Lasst uns noch andere Verheißungen aus Gottes Wort betrachten, beginnend mit diesem Vers aus dem Buch Hiob:

> *Und du wirst erkennen, dass dein Zelt in Frieden ist. Und schaust du nach deiner Wohnung, so wirst du nichts vermissen.*
> **Hiob 5:24**

Gemäß diesem Vers wird dein Haus in Sicherheit sein und deine Familie wird kein Leid überkommen. Du musst dich nicht um deine Angehörigen sorgen, auch dann nicht, wenn du sie allein lässt weil du auf eine Reise oder einen Einsatz gehst, denn der Herr sorgt für sie. Deshalb werden sie sicher sein bei Gott, ihrem Versorger. Hier ist eine andere Verheißung, an die wir denken sollten.

> *Und du wirst erkennen, dass deine Nachkommen zahlreich sein werden und deine Sprösslinge wie das Kraut der Erde.*
> **Hiob 5:25**

Ich diesem Vers verspricht der Herr, dass es deinen Kindern wohlergehen wird. Wenn du diesen Vers auch auf die Gemeinde anwendest, dann wirst du ein Zeuge sein, wie die Gemeinde wächst und gedeiht. Das weiß ich aus Erfahrung.

> *Du wirst in Rüstigkeit ins Grab kommen, wie die Garben eingebracht werden zu ihrer Zeit.*
> **Hiob 5:26**

Dieser Vers besagt, dass du diese Erde nicht vorzeitig verlassen, aber zufrieden sein wirst, mit deinen Lebenstagen.

> *Die gepflanzt sind im Haus des HERRN, werden grünen in den Vorhöfen unseres Gottes.*

*Noch im Greisenalter gedeihen sie, sind
sie saftvoll und grün.*
Psalm 92, 14,15

Beginne damit, Gesundheit, Kraft und
Fruchtbarkeit über dein Leben auszusprechen
und es wird dir in jedem Lebensalter
entsprechend gut gehen.

*Siehe, dies haben wir erforscht, so ist es.
Höre es doch, und merke du es dir!*
Hiob 5:27

Das sind nur Beispiele für die Verheißungen, die
all denen zugänglich sind die glauben. Gottes
Wort ist wahr. Nimm es an, dann wirst du ganz
sicher über die Zerstörung lachen. Wir haben
einen mächtigen Gott. Er möchte, dass wir mit
ihm zusammen regieren. Er bietet uns Gewänder
Seiner Schönheit und Heiligkeit an, welche in
Seinem wahrhaftigen Wort liegen. Sei also
durstig nach dem Wort Gottes, lasse dich damit
erfüllen und du wirst etwas darin finden, das
kostbarer ist als Perlen und Gold – ein
gelungenes, siegreiches Leben.